吳靜吉博士策劃

# 大眾心理學叢書

每冊都包含你可以面對一切問題的根本知識

⑹

# 立體造形與積極自我

**大衆心理學叢書63**（原大衆心理學全集74）

**立體造形與積極自我**〔0～10歲的兒童創造力系列③〕

作　者——胡寶林
策　劃——吳靜吉博士
主　編——大眾心理學叢書編輯室
發 行 人——王榮文
出版發行——遠流出版事業股份有限公司
臺北市 100 南昌路二段 81 號 6 樓
郵撥／0189456-1
電話／2392-6899　傳眞／2392-6658
香港發行——遠流(香港)出版公司
香港北角英皇道 310 號雲華大廈 4 樓 505 室
電話／2508-9048　傳眞／2503-3258
香港售價／港幣 60 元
法律顧問——王秀哲律師・董安丹律師
著作權顧問——蕭雄淋律師
1986 年 7 月 1 日　初版一刷
2004 年 9 月 1 日　二版五刷
行政院新聞局局版臺業字第 1295 號
**售價新台幣 160 元**　(缺頁或破損的書，請寄回更換)

**ISBN 957-32-2066-0**

YLib 遠流博識網
http://www.ylib.com　E-mail:ylib@ylib.com

# 立體造形與積極自我

胡寶林　著

# 《大衆心理學叢書》出版緣起

王榮文

一九八四年，在當時一般讀者眼中，心理學還不是一個日常生活的閱讀類型，它還只是學院門牆內一個神秘的學科，就在歐威爾立下預言的一九八四年，我們大膽推出《大衆心理學全集》的系列叢書，企圖雄大地編輯各種心理學普及讀物，迄今已出版達二百種。

《大衆心理學全集》的出版，立刻就在台灣、香港得到旋風式的歡迎，翌年，論者更以「大衆心理學現象」爲名，對這個社會反應多所論列。這個閱讀現象，一方面使遠流出版公司後來與大衆心理學有著密不可分的聯結印象，一方面也解釋了台灣社會在羣體生活日趨複雜的背景下，人們如何透過心理學知識掌握發展的自我改良動機。

但十年過去，時代變了，出版任務也變了。儘管心理學的閱讀需求持續不衰，我們仍要虛心探問：今日中文世界讀者所要的心理學書籍，有沒有另一層次的發展？

在我們的想法裡，「大衆心理學」一詞其實包含了兩個內容：一是「心理學」，指出叢書的範圍，但我們採取了更寬廣的解釋，不僅包括西方學術主流的各種心理科學，也包括規範性的東方心性之學。二是「大衆」，我們用它來描述這個叢書「閱讀介面」，大衆，是一種語調，也是一種承諾(一種想爲「共通讀者」服務的承諾)。

經過十年和二百種書，我們發現這兩個概念經得起考驗，甚至看來加倍清晰。但叢書要打交道的讀者組成變了，叢書內容取擇的理念也變了。

從讀者面來說，如今我們面對的讀者更加廣大、也更加精細(sophisticated)；這個叢書同時要了解高度都市化的香港、日趨多元的台灣，以及面臨巨大社會衝擊的中國沿海城市，顯然編輯工作是需要梳理更多更細微的層次，以滿足不同的社會情境。

從內容面來說，過去《大衆心理學全集》強調建立「自助諮詢系統」，並揭櫫「每冊都解決一個或幾個你面臨的問題」。如今「實用」這個概念必須有新的態度，一切知識終極都是實用的，而一切實用的卻都是有限的。這個叢書將在未來，使「實用的」能夠與時俱進(update)，卻要容納更多「知識的」，使讀者可以在自身得到解決問題的力量。新的承諾因而改寫爲「每冊都包含你可以面對一切問題的根本知識」。

在自助諮詢系統的建立，在編輯組織與學界連繫，我們更將求深、求廣，不改初衷。

這些想法，不一定明顯地表現在「新叢書」的外在，但它是編輯人與出版人的內在更新，叢書的精神也因而有了階段性的反省與更新，從更長的時間裡，請看我們的努力。

# 編輯室報告

創造力是人類智慧的泉源、文明的原動力。創造力與生俱來而又潛在，需要透過適當的教育啓發。發展天賦的創造力，應從嬰兒開始，因爲兒童最好的學習時機不是始於入學之後，而始於出生後的前四年。西方的現代心理教育學家已肯定了兒童在四歲以前的智力發展潛力，理論上可到達一生的百分之五十。也就是說每個人的智力發展極限在四歲以後只剩下百分之五十的機會。中國俗語早就說過：「三歲孩童定八十」。

本文作者胡寶林把幼兒擁有的創造力形容爲未來的「社會動力」，並爲臺灣的兒童教育按了警鈴。他認爲不尊重兒童就不是眞愛，以模式教育兒童就扼殺了創造力，沒有創造力的社會就沒有足夠的民主參與動力。

胡寶林是一個多棲的藝術家和建築師，也是活躍的創造力教育專家，他生於無升學壓力的越南僑居地。並自稱在家庭印刷廠的油墨中和可以遊戲的巷子中長大。回國讀完大學後便赴瑞士深造，主修建築，副修實驗創作藝術教育。作者旅歐十年除專業從事建築設計工作外，一直都積極的做着兒童及青少年創造力教育的寫作和推廣工作。

本書作者回國五年，由歐洲帶回來創造力教育全新的視覺和經驗，他認爲兒童創造力教育應爲趨向完成自我的人格教育而非才藝教育。兒童應依不同之天賦智能給予平等及多樣的後天啓發，使其在成長過程中獲得整體的成熟；在未來的日常生活與思想活動中富有創造動力。各種項目的才藝教育，不是最終目的，而是工具。

胡寶林累積了個人十多年的經驗，親身對中國兒童做了無數實驗教學，寫成了這一系列新觀念的兒童創造力教育叢書。這些叢書共分四册，在第一册《戲劇與行爲表現力》中，他把兒童戲劇及「辦家家酒」的遊戲視爲兒童人格教育的工具，以促進適應行爲的學習、糾正干擾行爲的情境。在第二册《繪畫與視覺想像力》中，指出繪畫活動對兒童來說，是無中生有的魔術，是可以展現海濶天空的視覺想像力，不是止於寫生的勾邊彩色畫。在第三册《立體造形與積極自我》裏，他的新觀念確定動手去發現、去觸摸、去生產具體的東西，是積極建立「自我」和周圍世界關係的歷程，立體造形的意義，非僅勞作剪貼的工藝意義而已。第四册《音樂韻律與身心平衡》討論由身體和音樂外在動態的節奏促使內心靜止的節奏——注意力、協調力、耐力、合羣力……等的均衡發展。

這一套透過創造力教育的兒童人格養成計劃，將會使有兒女的家庭生活多姿多彩，也希望臺灣的兒童教育界將由陳腐模式的美勞教育和壓抑兒童個體尊嚴的生活教育中甦醒過來，讓下一代創造更好的明天！

本書共分二編，首編從兒童教育心理之角度了解兒童之感覺及行爲表現，掌握與兒童意願相關的情境。用生活規律及「辦家家」遊戲轉移兒童的情緒，及促進其應有的感情流露。第二篇則從積極的教育觀點提供豐富之戲劇活動，和兒童一起創作。（王傳珪執筆）

# 立體造形與積極自我

## 目錄

# 第一篇　積極自我的培育

# 第二篇 立體造形教育

專文討論

# 失去的童年——從遊戲到生活

劉思量

我的朋友蔡懷國，有一次談到他教育兒女的經驗，說了一句很有哲理的話：「我們都不是天生爲人父母的，教小孩也需要慢慢的學。」其實何止是爲人父母，就是爲人師表，爲人子女，爲人伴侶，爲人學生，以及作爲一個人，何嘗不是慢慢學習的結果。

六十多年前，心理學正處於啓蒙時期，本能的學說，曾經是心理學中最有說服力的原則之一，曾幾何時，已被另外一個原則所取代：**發展是遺傳與環境的交互作用的結果；或是生長與學習交互影響的產物**。演變至今，人類的行爲已經極少單純以本能的形式出現，人愈大，本能的表現愈少，學習的結果愈明顯。有幾種行爲，似乎是生而具有的，正如孔夫子所云：食、色，性也。

性者，人生而具有之本質。「食」這個字，換心理學的論點應包括飢餓、渴、礦物質或維他命之攝取。「色」這個字，應包括性驅力。凡此皆是求生本能之表現。而破壞、毀滅、自虐等是求死本能之作爲。其實孔夫子比起心理學家，更了解行爲的意義。他居然以食、色兩個動詞，生動的表達出人類追求滿足這些基本需要的行爲。人類另外一種需要是操弄的需要。顯現在行爲上的是遊戲、探索、事物之學習掌握，以至於藝術的學習和表現。行爲愈複雜、愈精緻，遺傳的比重就愈少，愈不明顯，學習的比重就愈增加，愈有影響力。

遊戲與工作，似乎是被分成兩個截然不同的世界。古老的說法，總是鼓勵工作、用功，而輕視遊戲、娛樂。所以有「業精於勤、荒於嬉」的說法。嬉，「遊戲」是被認爲荒廢學業、事業的罪魁。但是一個只會工作，不會遊戲的人，是和工蜂沒有太大的差別，大約生活起來也不會很有樂趣。演變到近代，對於工作與遊戲的看法，在兒歌中可以看到觀念的改變：「我愛遊戲，我愛作工，遊戲快樂，作工光榮……」。遊戲與工作終於處於平等的地位。觀念雖然改變了，但在做法上，似乎並無多大進步。由於時代變異，工商業化的時間腳步，是以分秒必爭的光速去度量，人們何止以夸父追日的時速去追逐時間，衡量金錢，更以焚膏繼晷的精神去製造利潤，享受工作。把娛樂交給了電視，遊戲付諸於聲色，以填補心身的空洞，靈魂的眞空。昔日的浪漫情懷，瓜棚講古，田壠釣蛙，明月清風，兒歌童玩，也隨着工業化的腳步，漸去愈遠，拋棄在車水馬龍，聲光化電，矯揉造作的人工娛樂的背後。消失了的是一片童心與眞情，感覺變鈍了，所有的經驗，尤其是遊戲的樂趣，變成間接又間接，正如電視上的「歡樂假期」，你不必實際參與，你只須要坐在椅子上，兩眼發愣，你只看到歌舞明星在樂，你同時看到的只是心中的寂寞。我愛遊戲，變成了我愛看別人遊戲，我愛作工，變成了我愛爲金錢而作工。人的天生會遊戲的能力，喪失了，隨著遊戲而來的快樂、敏感、創意，也不必說再見。人，變成了現代人，現代的機器人，現代的製造金錢的機器人，現代的製造金錢不會遊戲的機器人。

遊戲的目的，純粹爲了追求自我實現與滿足。事實上，人類的行爲很少是純粹的。這裏所謂純粹，意指原始之目的。原始目的之外，也可能衍生或達成附帶之目標。比如有關遊戲活動，如工藝、美術、唱遊，甚至文學、戲劇、舞蹈、音樂等活動，最初之成形，有部份是由遊戲演變而來，所以對於藝術之形成，有所謂遊戲形成說的理論。至今在英文中遊戲與戲劇或音樂演奏都共同使用play一字，其來自有原因。當然所有的藝術包括遊戲，有其共同的特性，如發揮創意，追求自我實現，快樂與滿足，也即其目的應該是爲遊戲而遊戲，爲藝術而藝術。至於是否賺錢，是否能夠有聲望地位，只是附帶目標而已。假如將此附帶目標，作爲遊戲與藝術的最重要目標，不僅從中得不到快樂，反而是倒果爲因，將藝術與遊戲作爲沽名釣譽，爭權奪利的手段，不僅無法達成自我實現與創造力之發揮，其藝術及遊戲之表現也不可能有很高的成就。

遊戲與工作有時是可以合而爲一；有時候可以相互並存，並行不悖；有時候卻是你死我活，相互矛盾的。第一種情況是藝術家與兒童（尤其是幼稚園的兒童），他們的工作就是遊戲，而遊戲也是工作，這種人是最幸福快樂的人，即使他們偶而會爲創作不出滿意的作品而苦惱，但是這種苦惱，本身也是快樂泉源的一部分，所謂甘之如飴，何苦之有，而創作過程的本身不也是和成果同等的重要，同樣的其樂無窮嗎？第二種情形，是勤勉的工作者，業餘（指的是職業工作之餘）的藝術家。他們能夠將職業的工作與創作的工作分開，職業是爲了賺取生活之所需，是將肉體與靈魂維持在一起的手段。所以職業本身也許不是他的志趣所在，但是爲了使自己肉體和靈魂不至太早分離而早登天國，所以只好隨機應變，採取變通法門。將肉體的維繫付諸職業工作，以滿足生理的需要；將靈魂的滿足交給了藝術工作，從事於創作，二者不相輔而相成。有不少在國外的藝術家，因爲畫賣不出去，暫時寄身於餐館打工，以求活得下去，工餘之後，可就是道道地地的專業藝術家。所以一個人如果不能將其興趣與職業配合，往往要尋求其他調適之道。以必須打工的藝術家而言，眞不知道他的眞正的工作是職業，還是創作。事實上我們也可稱他爲專業的藝術家，業餘的打工者。總之，我們這個世界的大部份人，都是這樣的工作與興趣無法配合的生活下去。如果二者能夠相安無事，並行不悖，則也會過一個不好、不壞的生活。不是嗎？我們大多數人，豈不都是過的這樣不好、不壞的生活嗎？

第三種生活，是遊戲與工作產生矛盾，生活變成心理衝突的戰場。這種戰爭之所以發生，往往來自於對於自己的眞正興趣、自我之能力沒有了解，對於所從事的工作不僅沒興趣而且不能接受，但是爲求溫飽，不得不爲五斗米折腰。要問自己之興趣所在，好像所有的事情都有興趣，但是又彷彿也都沒興趣。要問想從事什麼工作，也不知能夠從事什麼工作。最後雖然有了一份工作，但工作之餘也不知從事什麼消遣。消遣已經是非常無奈的去打發時間，何況還不知道如何去消遣，這樣在無奈之外加上了更多的無聊。所以眞正會發生遊戲與工作之矛盾的原因，還是對自己沒有了解。

與我年齡差不多的朋友們，目前正是四十歲上下。我們有的在做老師、出版家、作家、商人、家庭主婦、新聞工作者。最近見面最常談的問題是四十歲的感覺。四十歲，是孔子所說的不惑之年，但是我們其實還是很困惑的，我們稱這個時間，是四十歲的困惑。困惑什麼呢？其實是站在人生的「中」點，已經不再有年輕人的衝動，但有衝勁，也沒有老年人的嘮叨，但有活力。這時正好可以比較氣定神閒的去回顧自己的過去，策劃自己的將來。其實大部份的問題還是圍繞在工作、興趣、生活態度、人生看法等觀點上。四十歲的困惑，看來還是遊戲與工作的困惑。假如人生還有另一個出發，其實四十歲是一個很好的出發點。四十歲在心智上已經相當成熟，人生之歷練，也逐漸形成一點智慧，以這一點出發，通常總是好的結果比壞的結果有較多的發生機率。

難怪胡適要寫《四十自述》。這個出發點，其實是以調適或調整生活方式開始的，而以再學習作為手段。此時的學習應當對學習方法和策略已有領會。所要調整的不過是如何將工作與遊戲作最好的調合罷了。

說了這許多，事實上只是在尋求一個失去的地平線，或是尋找一個消失了的桃花源。這個桃花源，其實就是我們童年曾經活過的夢。只是在那個時空裏，我們不知工作是什麼？其實我們的工作就是學習，學習遊戲。而遊戲本身就是工作。所有的一切一切，都是為遊戲而設計的，遊戲和工作是合而為一的。我們除了遊戲之外別無工作。而在遊戲中有的是歡樂，在歡樂中也學會了人與人的相處，學會了成長、學會了發問、學會了創作、學會了人生的大道理，一切以學習遊戲為開始，以快樂為結束。遊戲，雖小道也有可觀者。可是，人愈大，工作與遊戲就愈分愈遠，失去的何止是童年的夢，也失去了本來在遊戲中應有的快樂。遊戲與工作分離愈遠，生活就愈加痛苦。這就是成人社會的悲哀。假如歷史是循環的，人生的歷史也在作循環，人一直到了老年，才會回到返樸歸眞的世界，才會再具童心，才會再拾童趣。假如我們要過一個快樂的生活，在人生的每一階段，不要拋棄原有之童心，恐怕是挽救心靈不被工業化、現代化生活污染的唯一良方。

正因為我們大部份的成人，已經自我放逐於桃花源之外，已經不再具有遊戲的能力，那麼我們何妨和子女，一起玩玩曾經玩過的遊戲，重新學習遊戲的方法，學習做一個會玩遊戲的父母，一個會帶兒童遊戲的父母。或許我們可以早一些再還我純眞的面目。

這一本書，其實就是讓我們學習如何作一個會玩遊戲的父母的書。

〔註〕本文作者，劉思量教授，廣西人，一九四七年生。畢業於政大教育系，教育研究所碩士；美國威斯康辛大學教育心理學博士，西密西根大學美術碩士，現任國立藝術學院美術系主任。

# 獻給中國的孩子——只要我長大

媽媽說
我生來就是一個藝術家
我曾經用九個月的時間
把媽媽的肚皮
塑成一條最美最美的弧線

我不是只會叫媽媽的乖寶寶
不是課堂裏的木頭人
不是升學主義的奴隸
我是一個不怕打手心的小精靈
——只要我長大

不做都市的機器人
不做電視機的囚徒
也不扮演家庭和學校的馴獸師
好想變一個騰雲駕霧的孫悟空啊！
——只要我長大

爸爸說
生命是一首詩篇
世界有奇妙的泥土
山河有說不完的故事
我要用我的雙手
把家鄉塑成最快樂最快樂的一個桃花源
——只要我長大

——**胡寶林**

# 自序

胡寶林

兒童的立體造形教育不只是粗淺的剪貼手工，也不只是光注重技能訓練的工藝教育。他的意義及功能比這二者更重大更廣泛——**它是一種積極人格薰陶的生活創作**。這是本書的第一個突破的觀念。這種薰陶的主要熔爐在家庭的生活中，由學校再加工精煉。

記得我們童年的生活是非常積極的。我們的家庭生活還保有很多舊的傳統習俗。每逢祭祀前夕，一家人圍坐，摺元寶、疊冥錢；元宵及中秋節自製花燈，街巷孩童競出主意互別苗頭，鐵罐紙筒、竹條籐皮、糊紙賦彩，然後晚間提燈遊街；端午則學做香包、學做粽子；過年學剪紙、學自製舞獅頭、學做煎堆餅、粉刷壁窗、學佈置祭祖枱、學揮春；清明掃墓學堆香爐；七夕學砌炒米餅、堆田螺祭神；夏日假期學做草編。節日慶典的用物祭品，曾提供了很好的勞作課題，成爲活生生的勞作教育。看來，今日住在都市的家庭生活，如果要過得更充實、更幸福，唯有再度提倡漸漸失落的傳統習俗，積極的動手自製有生活內容的手工用物，使生活和勞動打成一片，藉共同製作的氣氛，把家庭成員連結在一起。

所以，有立體造形性質的勞作教育，應同時在家庭及學校實施，以促進兒童積極自我人格的發展。

本書的第二個新觀念是：**兒童的立體造形教育是兒童和周圍物質建立關係的教育——這種教育牽涉到觸覺的滿足和敏銳、雙手的靈敏和學習的能力**。我們已經知道，兒童的最高學習能力就在出生後的頭四年裏，而且觸覺又是幼兒認識外界最重要的媒介。因此，本書特別强調幼兒觸覺教育的重要性，而負擔觸覺教育責任的最理想導師，當然是父母。

本書提供教材從兩個方向着手。一個方向是幼兒生活中促進觸覺敏銳及和物質建立正確關係的活動，包括從出生後的安全撫慰至認識自己的身體；從了解物質的特性至學習使用工具。另一個方向是立體造形的創作，包括從人體四肢的動作至果菜廢物的造形。二者均强調生活性和創作性。關於立體造形的創作教材，內容的提供僅限於材料及製作方式的指導，使兒童利用其豐富的想像力及感官經驗來自由創作。這些教材，多數是筆者由生活周圍相關的材料的靈感中自創，有些是蒐集國外最新的資料和國內教師實驗過的。因爲强調其生活及創作性，是不同於一般工藝美勞。原則上這些教材除了摺紙手工外是不附製作樣本的。雖然較複雜的樣本式工藝也有其教育意義，兒童可以學習看「藍圖」，照說明來「施工」，不過這是屬於工藝模倣的方式。本書强調不依賴藍本的創作，使其更具想像和發現。自由創作是比較不具學習壓力的啓發方式。不在乎「美觀度」、「完成度」；在乎自主、多樣及潛在能力的舒展。他們僅須製作方式的提供及想像方向的牽引。又，關於紙工的塑造教材，摺紙手工的發展早已擁有相當歷史及成就，坊間出版有關摺紙的中文書籍，不下十種，因此本書不提供摺紙形式。而中國童玩方面的製作近年來有漢聲雜誌及其他人士的整理，本書只略提一二，避免重複。至於中國結則因屬工藝且著作甚多，故不編入本書。

本書的教材大部份在作者的家庭及教室實驗過。在實驗期間曾得到多位同仁的熱心協助或指教，謹借此一角對他們及其他未附大名的人士致萬分謝意：

龍思良先生（畫家、美術設計家）

趙春桂小姐（美術設計工作者）

陳亮瑩小姐（幼稚園老師）

黃秀華小姐（兒童創作教育工作者）

謝瑞蘭女士（兒童創作教育工作者）
張屏小姐（幼稚園園長）
李男先生（美術設計家）
吳鵬飛先生（畫家、兒童美勞教師）
蘇振明先生（臺北市立師專教授）
劉思量教授（國立藝術學院美術系主任）

# 兒童立體造形與積極自我

## 教材與活動實錄

●圖片來源除註明外，均由本書作者主持之創造力教室提供攝影。

…宵花燈。

…外生活，接觸周圍世界的經驗。

1.在騎樓底下玩跳繩的「立體造形」。

2.蘭嶼小居民在戶外玩沙。

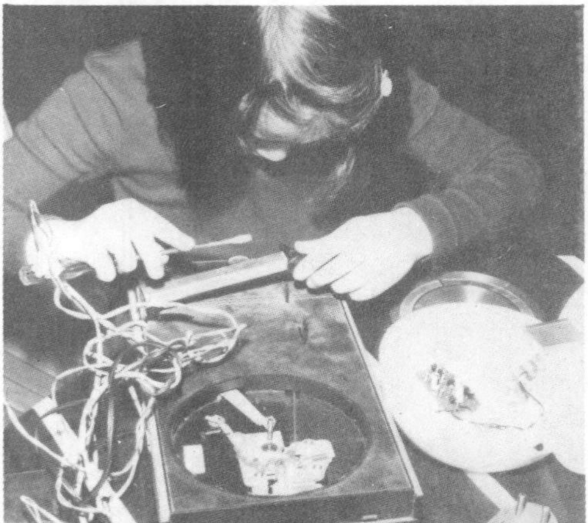

3.對機件的研究。

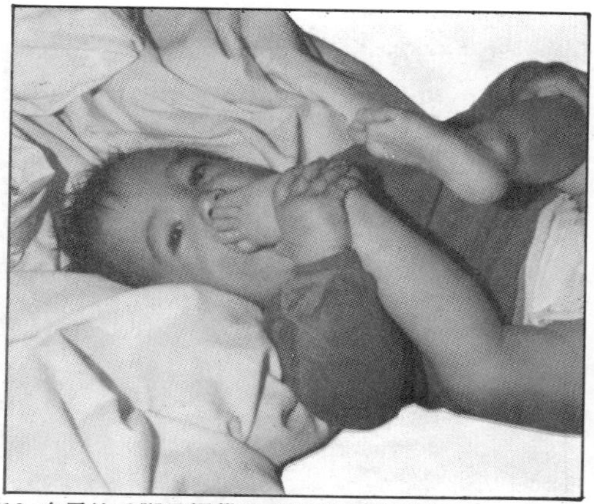
10.自己的手脚是觸覺活動的第三個玩具。

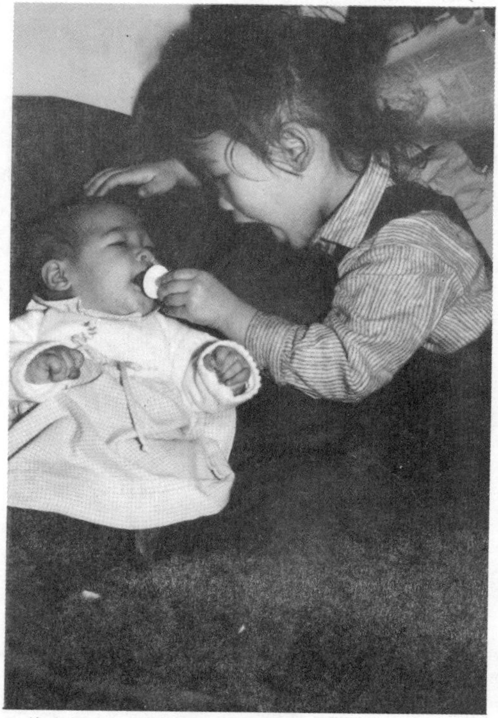
9.橡皮奶嘴是嬰兒的第二個玩具。

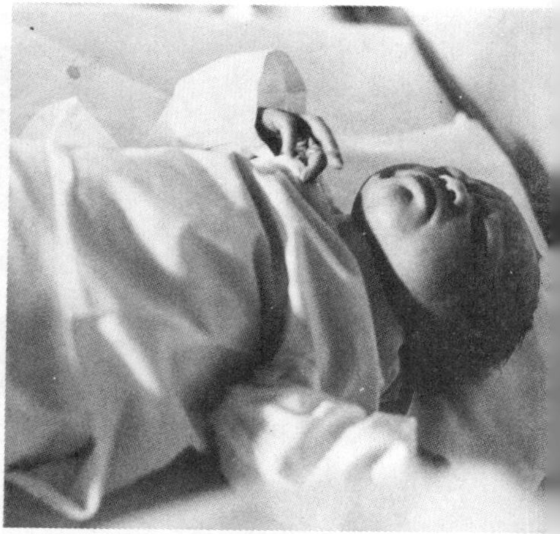
6.初生嬰兒剛分離母體的恐慌。

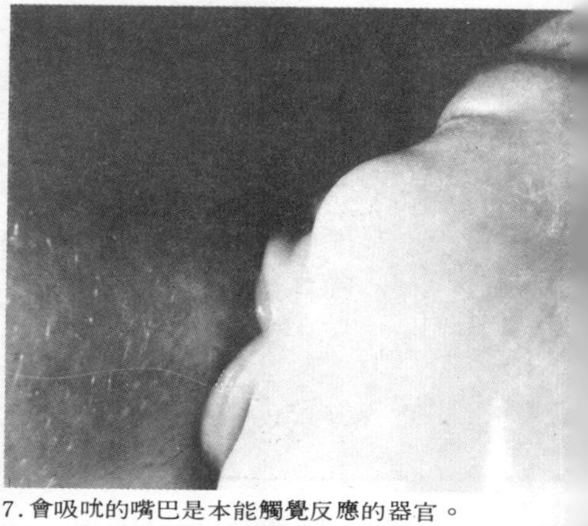
7.會吸吮的嘴巴是本能觸覺反應的器官。

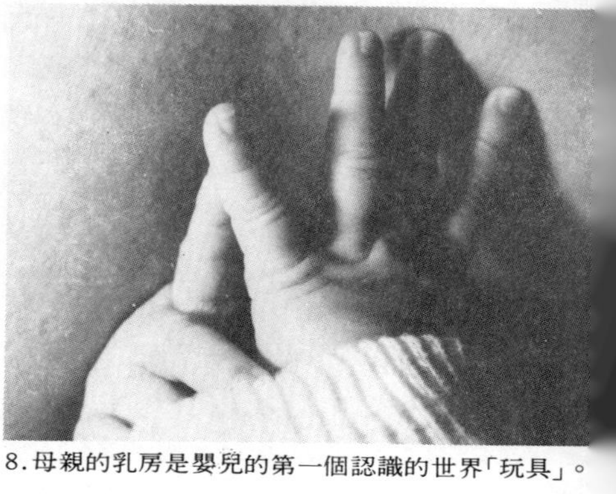
8.母親的乳房是嬰兒的第一個認識的世界「玩具」。

幼兒對形狀有模倣的能力。

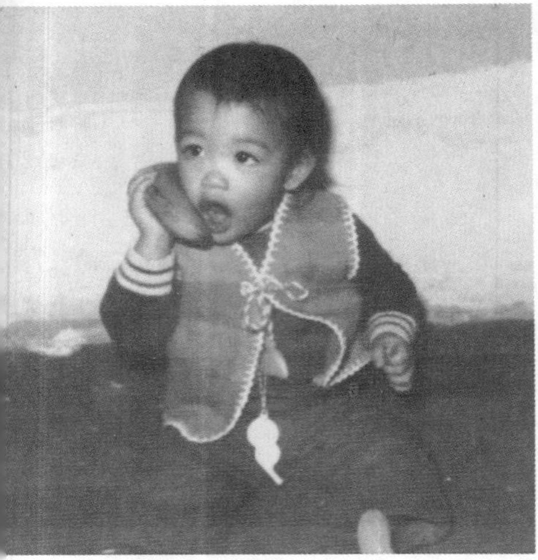

以香蕉模倣電話聽筒。

兒童玩「樂高」房子組件玩具，積極「生產」。

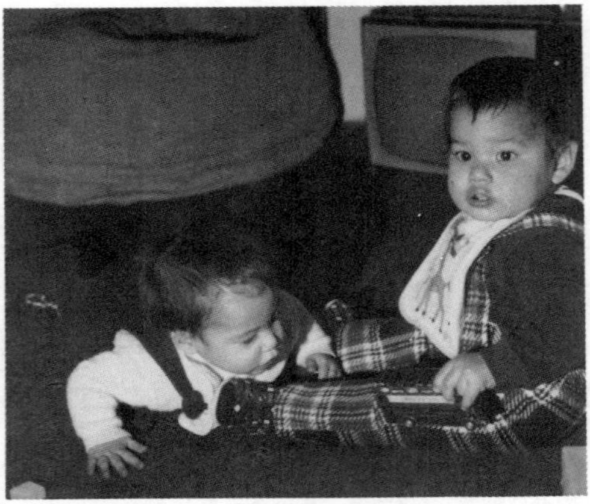

11.幼兒的研究慾永不止息。

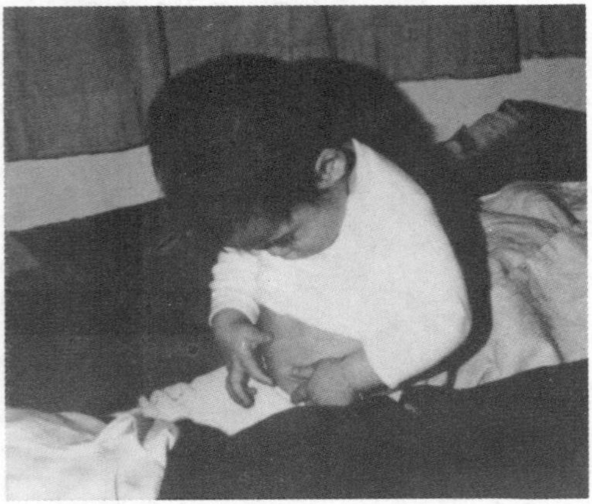

12.發現自己的肚臍。

13.廚房的炊具是最不單調的玩具。

19.不斷去理解，去「掌握」周圍事物的意義。

17.親身去經歷，理解周圍世界。

20.運動、探險能增強積極、開放的個性。

18.「生活世界」包含周圍的人、物、自然的關係和意

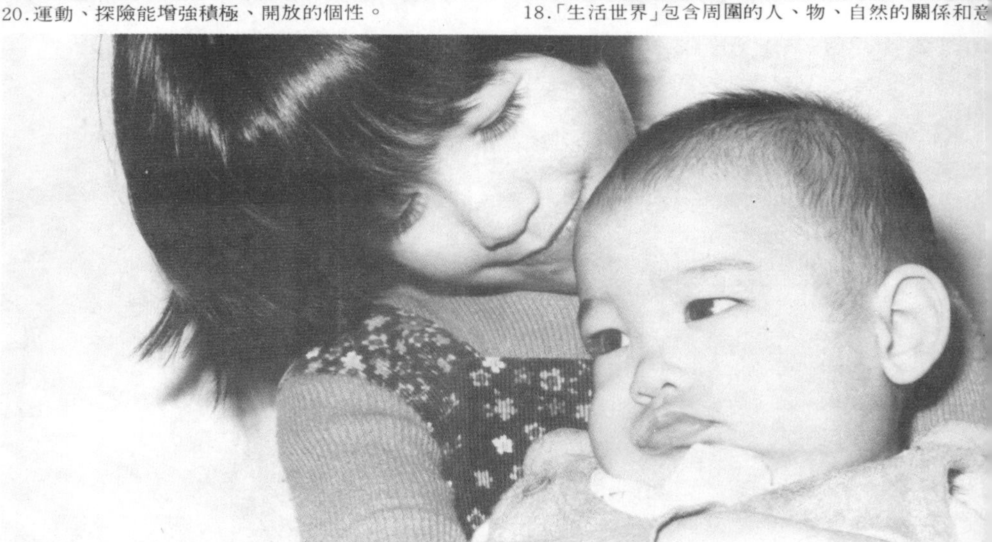

21.感悟的潛能就是愛的能力。

.幼兒適度的意志堅持是自我肯定的動力。

22.手偶對話是溝通「生活世界」意義的思維遊戲。

3.戲劇是非文字的方式對生命表達更豐富的追尋和肯定。（魔奇劇坊公園活動）

25.耐心和孩子一同看故事書。

26.和兒童玩下棋，思考、耐心、友伴感。

27.遠足可開放兒童的視野。

29.帶兒童到漁村去體驗。

28.帶兒童到鄉下去摸摸小雞。

把活動及教案變成一種遊戲暖暖身。

至少要有一個角落屬於孩子工作。

幼稚園的積木角，坐在地上工作，心胸放大。

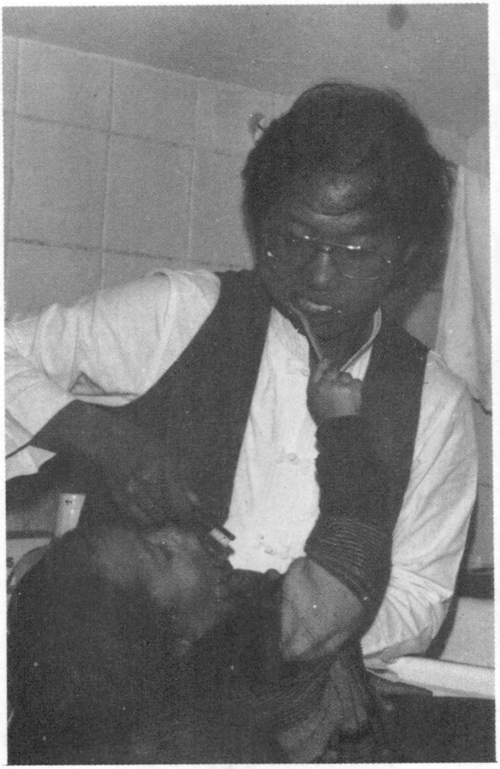

30.生活規律的建立要陪兒童「一段」。

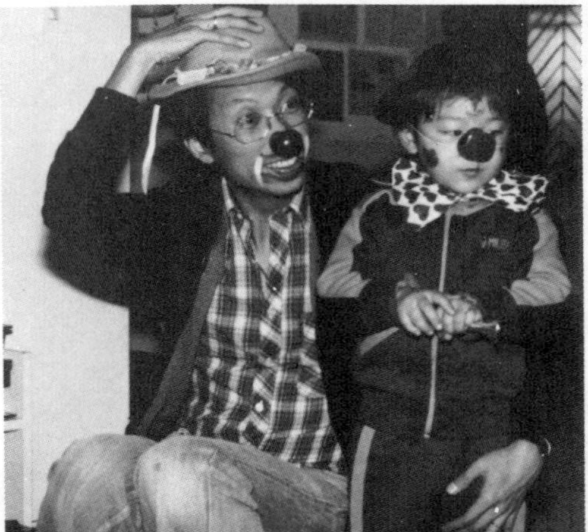

31.和兒童做最好的朋友。

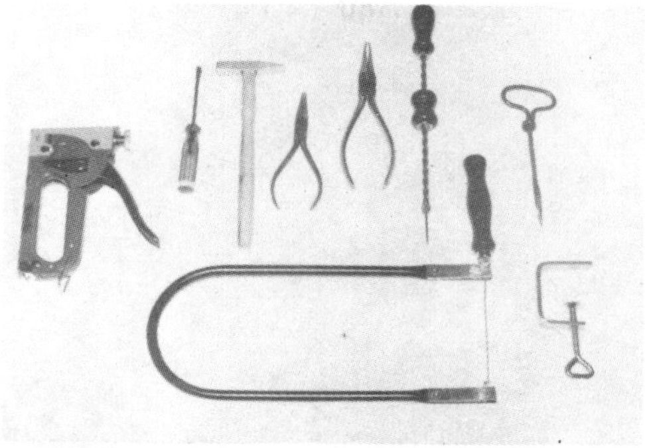

36.基本粗重工具。

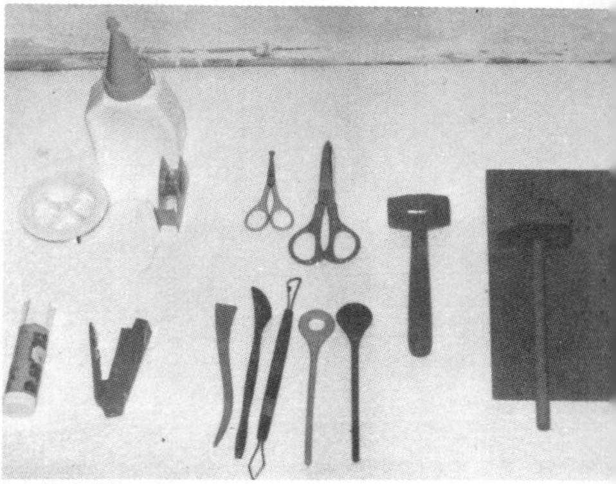

35.基本輕工具。

38.自己做的軟布囡。

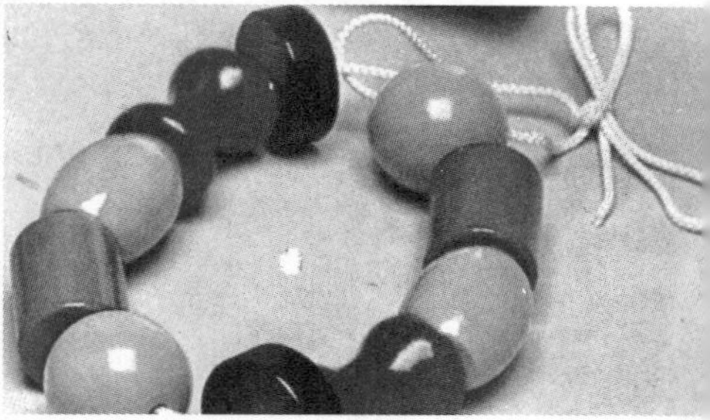

37.大木珠。

39.大小套罐，心手合一的靈敏力培養。

40.大積木。

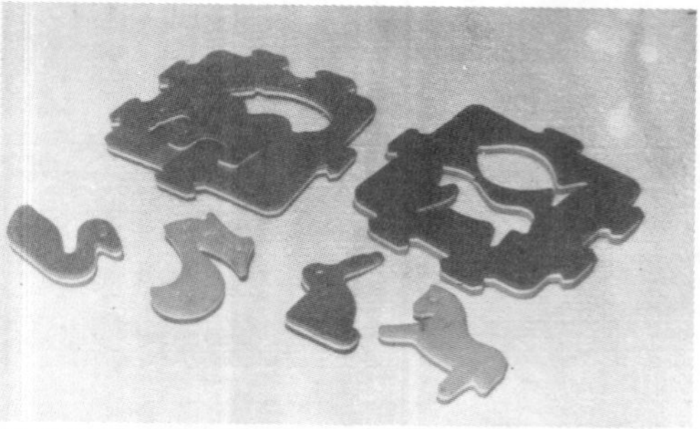

43.普利龍軟性拼圖積木，輕別柔軟。

44.立體梳形積木，幼兒容易工作。

41.入洞積木。幾何認知及靈敏力的初階。

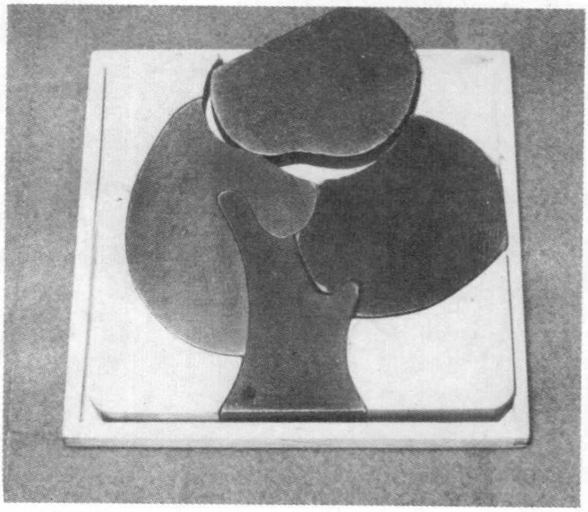

42.拼圖積木。耐性及記憶的培養。

46.敲木鎚把小片幾何造形釘在軟木板上。（幾何木片可用卡紙自己做）

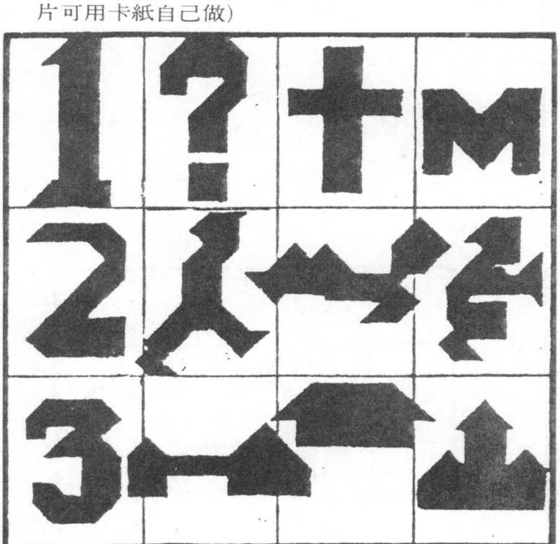

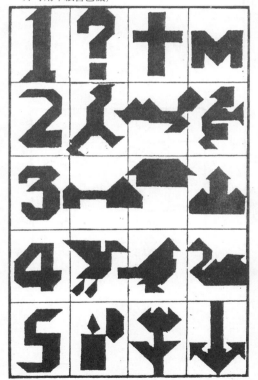

49.七巧板及拼排圖形舉例，年長兒童抽象智慧的開始。

45.樂高大積木適合幼兒。

47.工程架有多種自由組合，不必一定照圖施工。

48.玩沙工具，永遠玩不厭。

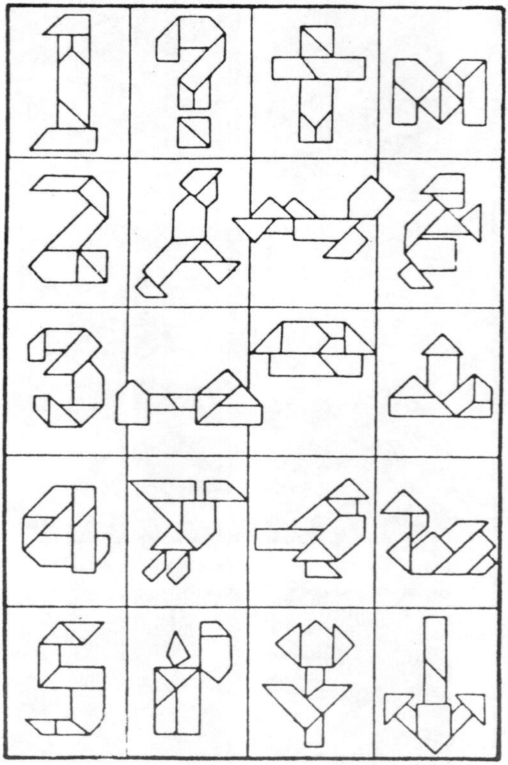

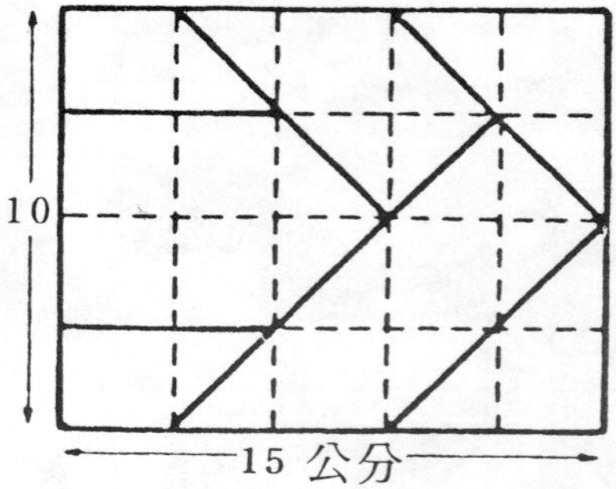


). 七巧板拼圖製作及答案。

54.吊木珠之觸覺刺激。

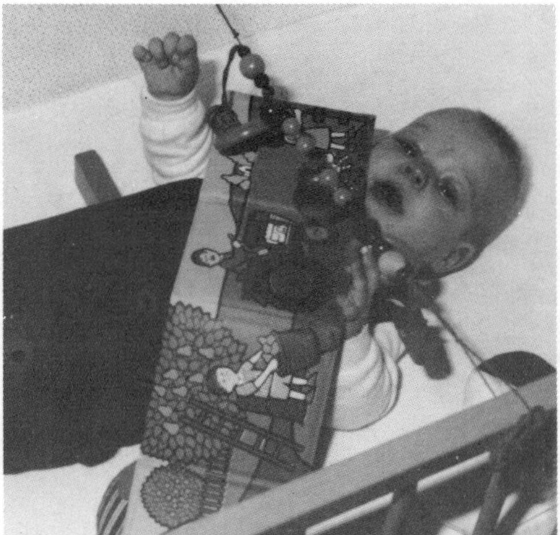

55.木珠串橫吊嬰兒床可吸引手部高舉。

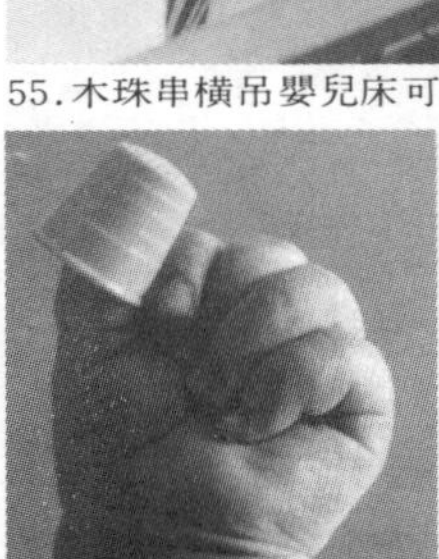

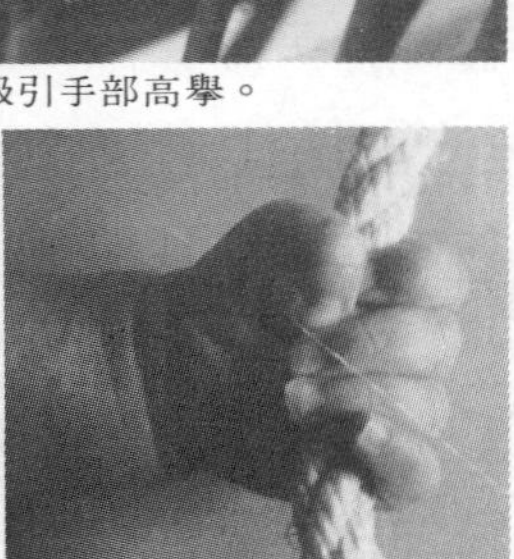

56.57.抓摸東西的觸覺教育。

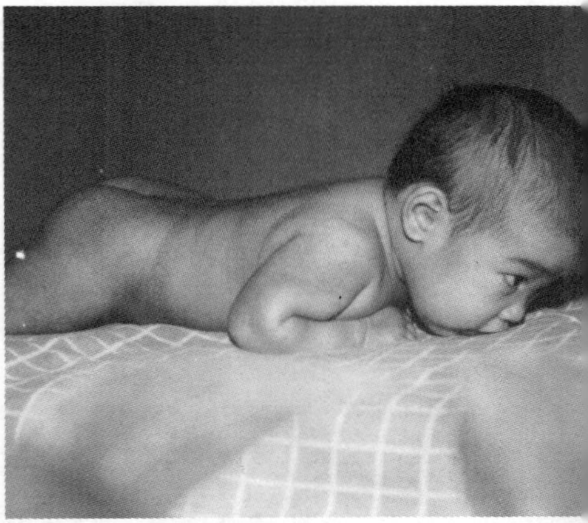

51.腹臥姿勢可使頸部較易運動。

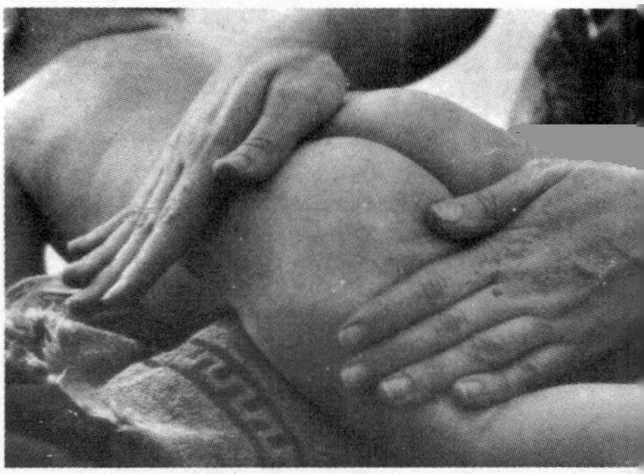

52.撫摸抓癢，輕柔按摩可增寶寶之實在感。

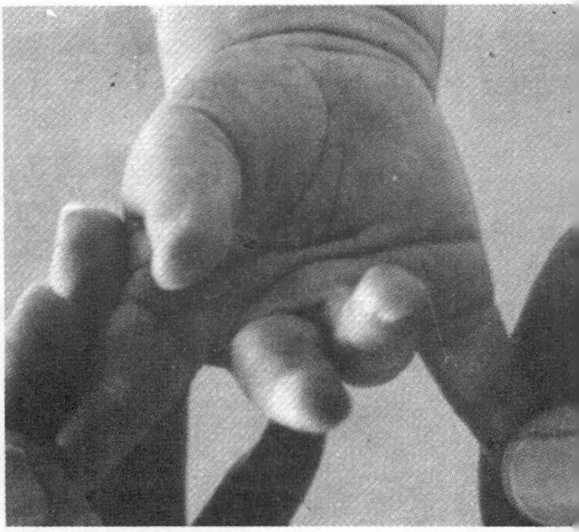

53.小手指觸覺刺激。

.在沙灘上埋沙人。

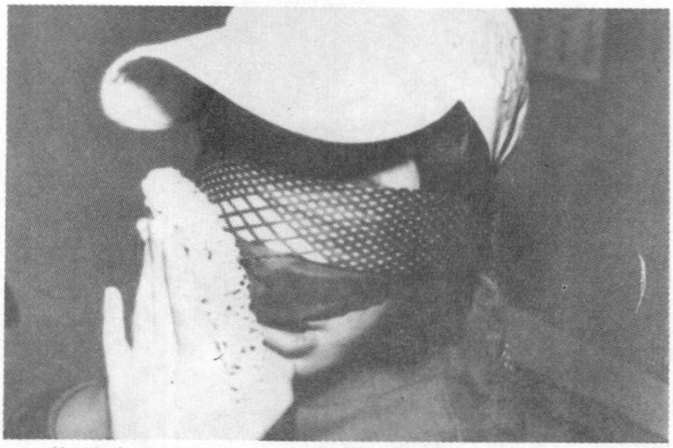

58.蒙眼睛摸摸猜猜，感官敏銳練習。

在公園中應設沙池，二月換沙一次。

60.在沙灘上堆一條美人魚，大肌肉造形。

在沙灘上用脚劃沙灘軌跡，空間地景遊戲。

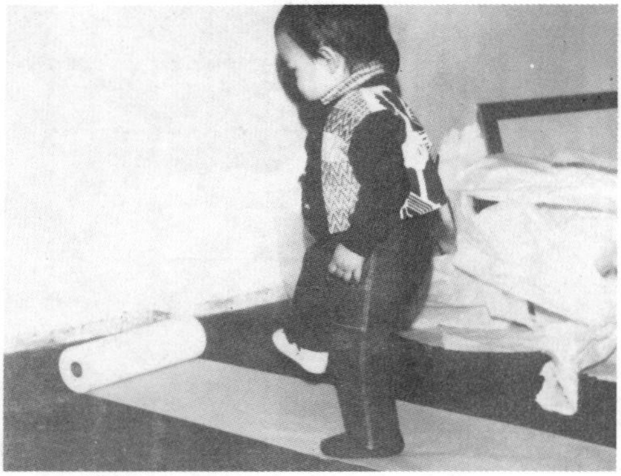

64.玩草圖紙。

63.把衛生紙捲當馬路，生活的玩具。

66.用大幅布藏小東西做「大海摸魚」觸覺遊戲。

65.草圖紙搓揉具有觸覺及聲音效果。

67.搜集各類豆子。

用小積木做成的分類幾何圖形。

68.陳列小東西的百格架，養成珍藏惜物習慣。

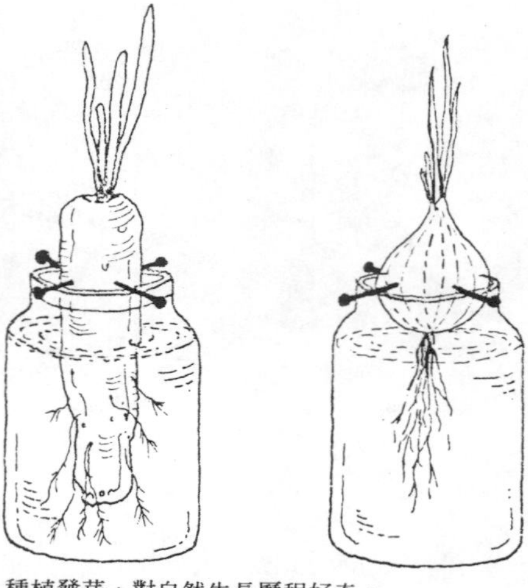

69.種植發芽，對自然生長歷程好奇。

70.爬老樹，與自然材料接觸。

75.桌椅房子遊戲。

76.曬衣架搭房子。

77.用紙箱做房子。

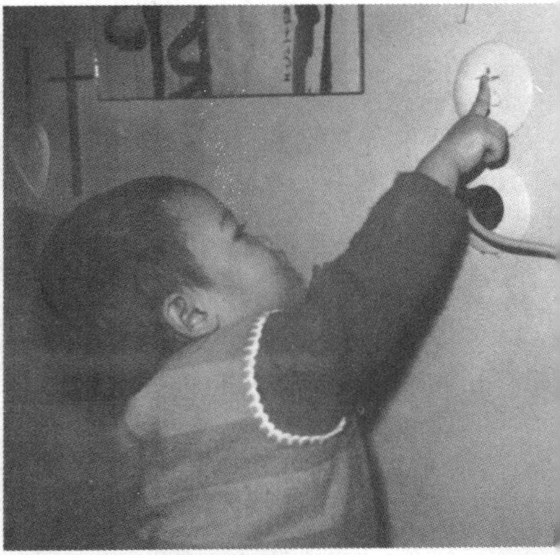
72.電燈開關的因果遊戲。

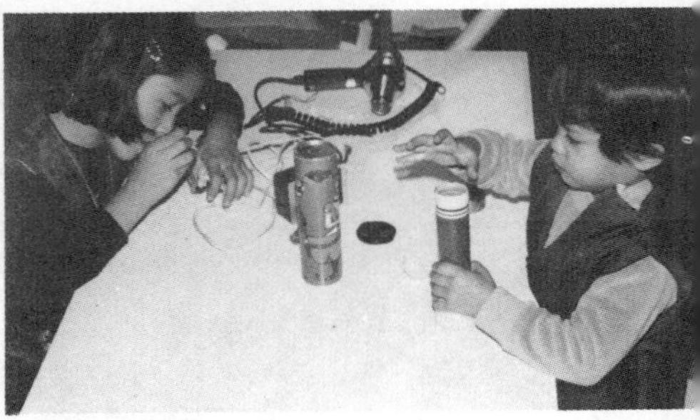
73.研究破舊機件，學習思考原理。

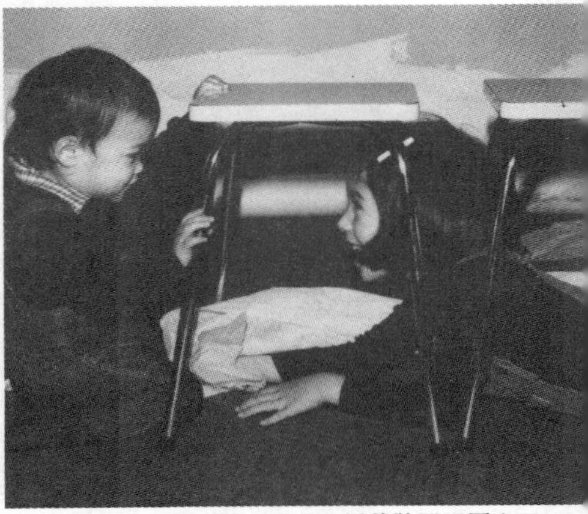
74.桌椅隧道空間遊戲，養成愛經營裝置周圍空間。

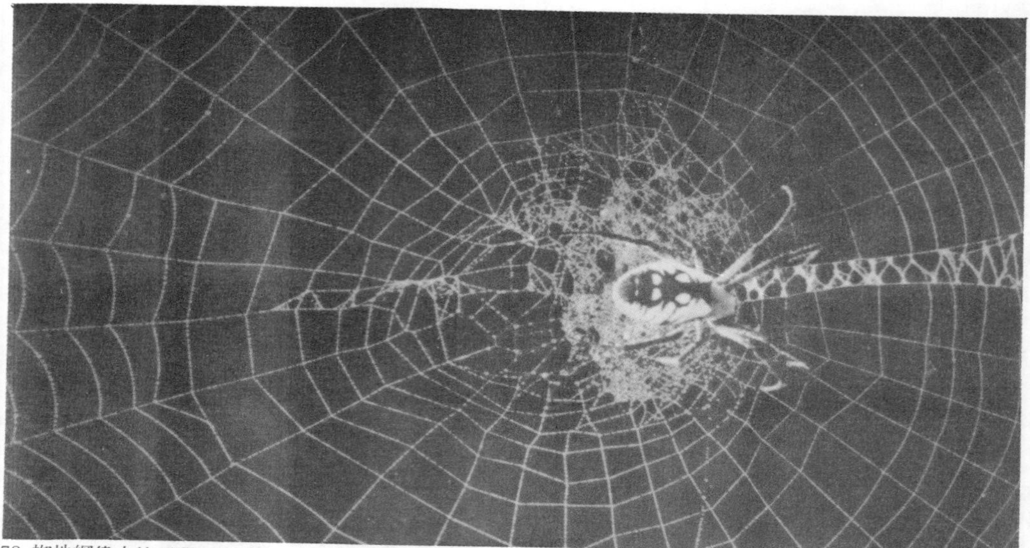

78.蜘蛛網偉大的工程。

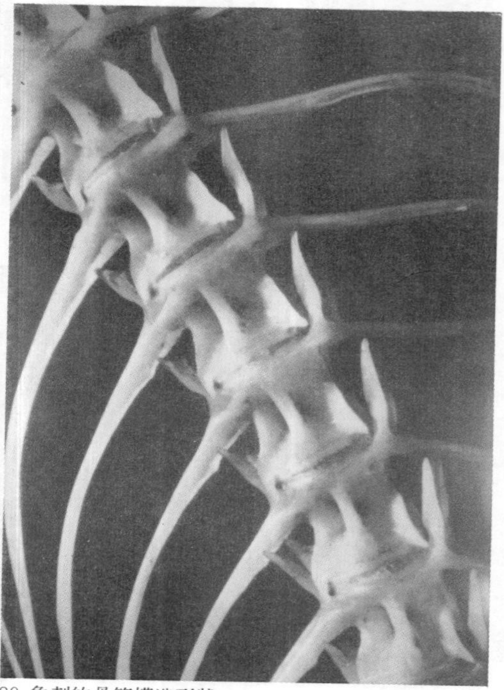

80.魚刺的骨節構造形狀。

79.小蜜蜂採花蜜。

81. 響螺的蝸旋構造。

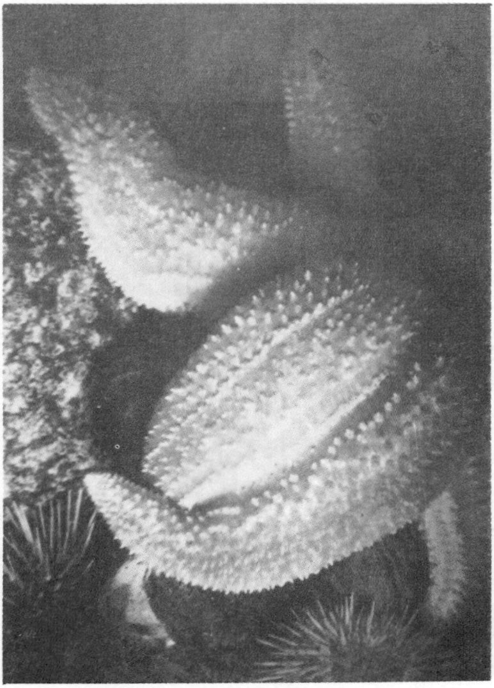
83. 到水族館去看海星的美妙造形。

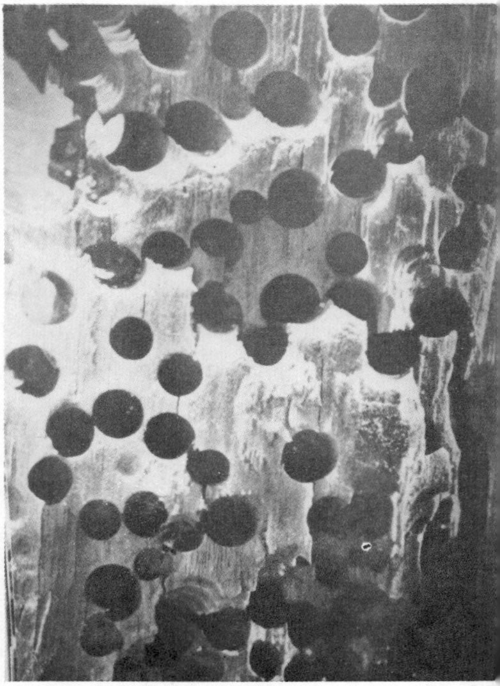
82. 用放大鏡看白蟻在木頭上蛀的洞。

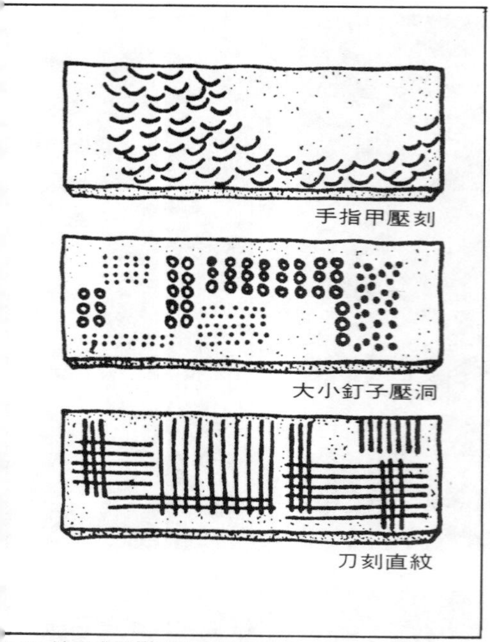


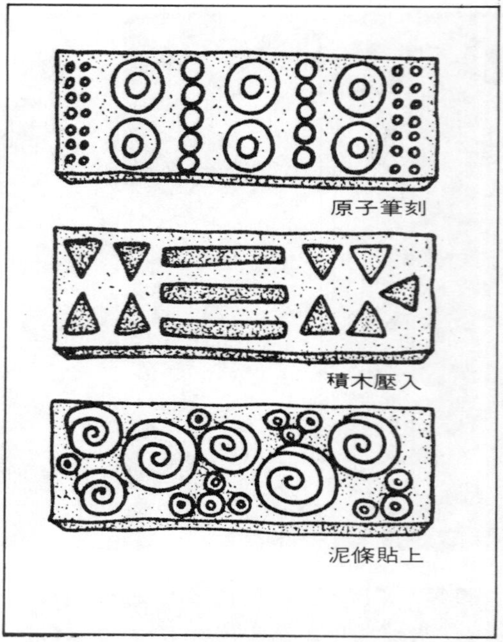


4.85.沙彫或泥彫可用各種方法做。

.蠟燭彫。

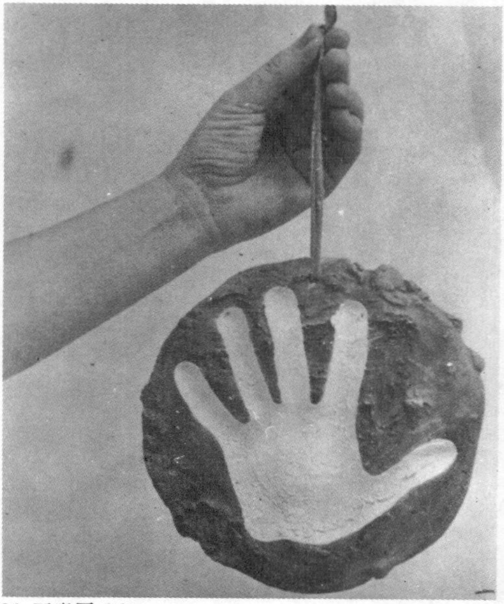

86.石膏壓手印。

# ㉟ 第四章／一、浮彫單元／表面加工 P.149-150

89.用圓規在正面截洞，在背面刮痕。

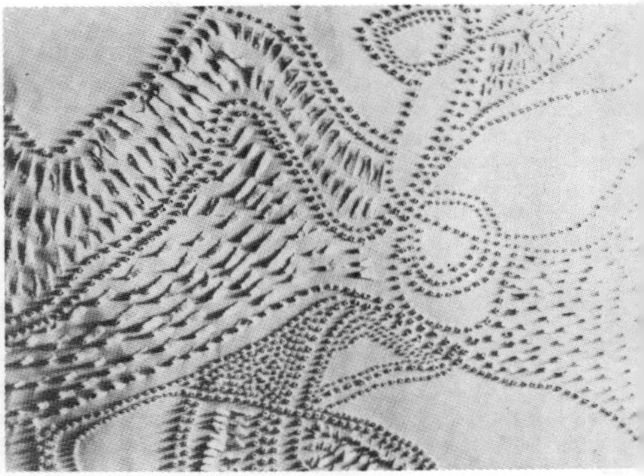
88.用釘子或粗針在卡紙後面截洞。

90.空罐剪成形狀，用粗釘壓印點線紋。

91.普利龍用香蕉水蝕雕。(不適幼兒)

2.餅乾拼圖，蜂蜜果醬當漿糊。

.拼豆子，要細心。

.用厚紙板剪成形狀拼豆子。

94.把豆子用樹脂黏在瓷磚上。

97.用食品顏料塗在聖誕餅上。

96.把有色的馬賽克片鑲在鏡子上。

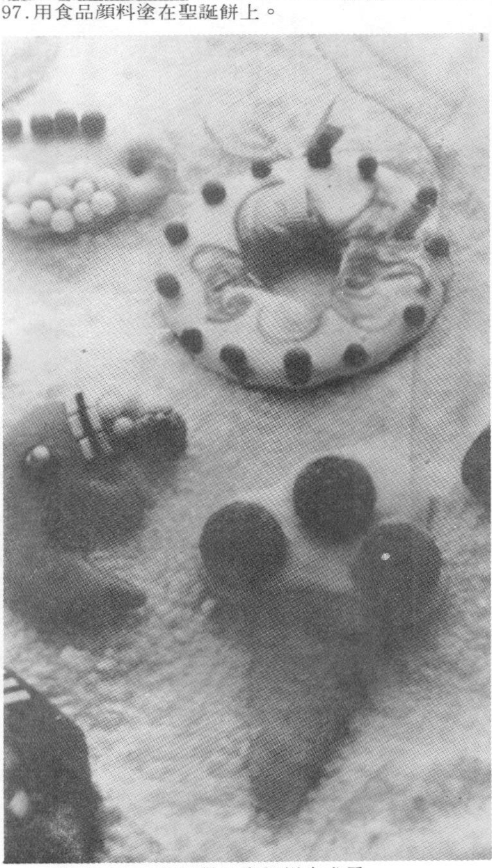

98.用糖珠及食品顏料做的聖誕餅完成了。

99.蛋殼用紙片黏貼。

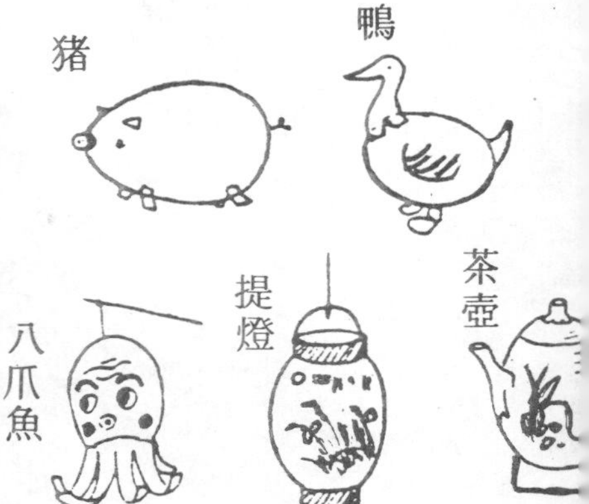


100.各種蛋殼黏貼做法，可各自發揮想像力。

1.用毛線浮貼在卷軸布上。

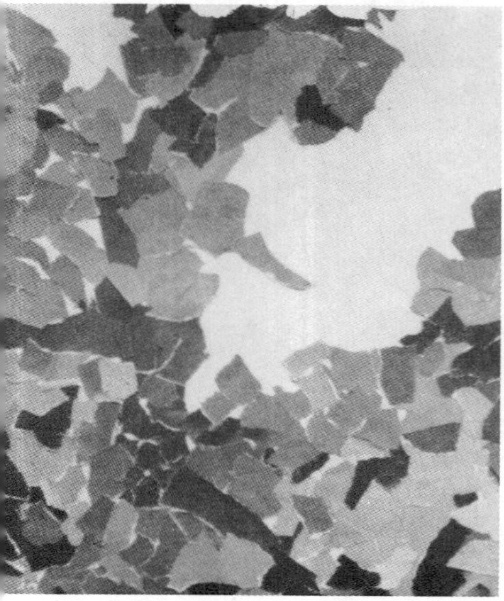

.用碎彩色棉紙拼成什錦魚。

102.把底片盒、汽水瓶蓋等廢物用強力膠黏起成浮彫。

103.用鬧鐘雜物黏貼成浮彫壁畫。(取材自西德出版“Kinder Beschaftigung)

104.用碎布貼成的拼湊畫。

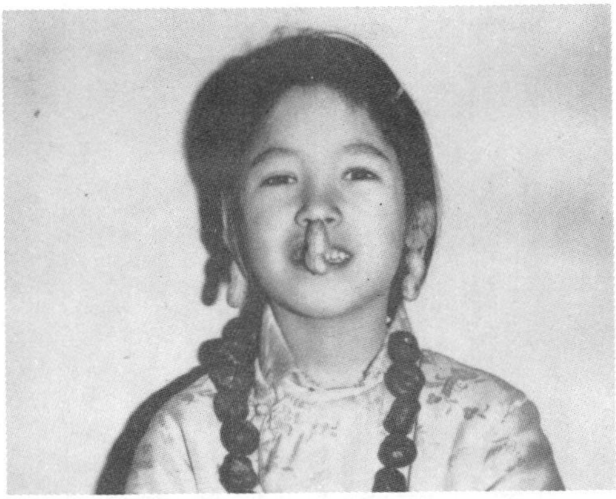
109.花生米夾鼻子耳朵。

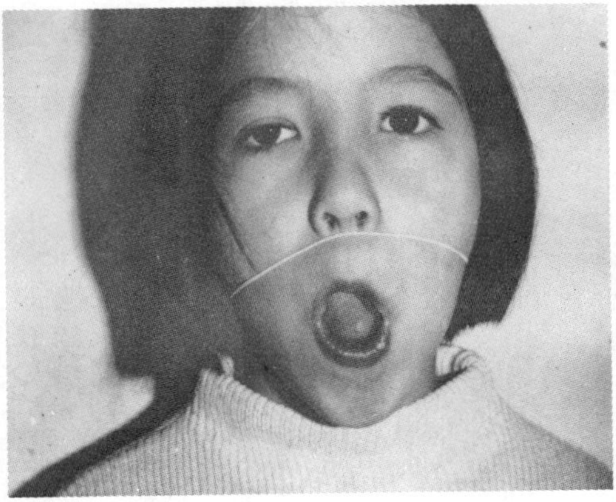
110.橡皮筋拉扯變臉形。

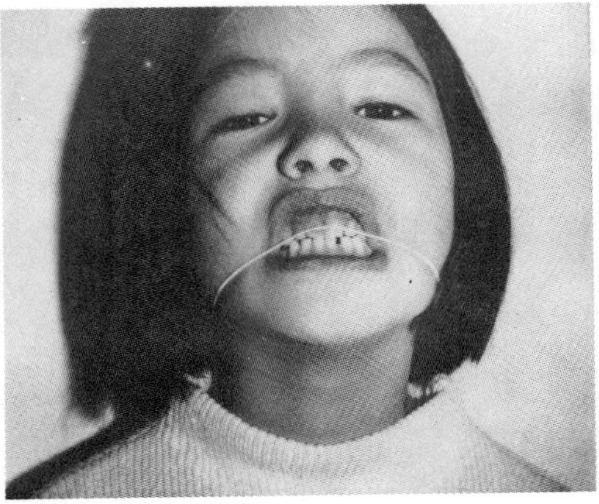
111.橡皮筋拉扯變臉形。

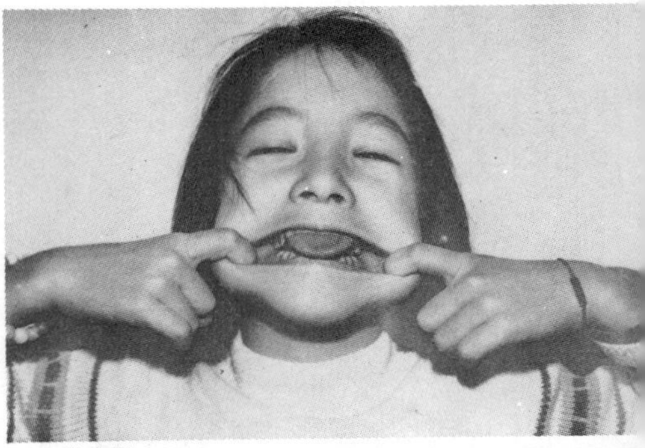
106.做鬼臉。

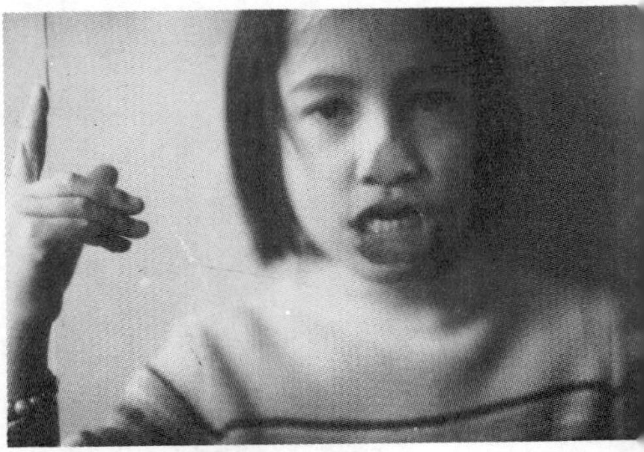
107.壓玻璃片臉變形。

108.樹葉化裝。

.藏在塑膠袋內做動態雕塑。

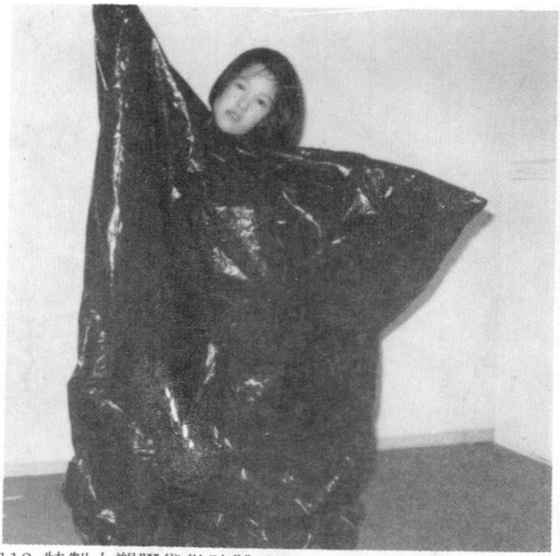

112.特製大塑膠袋做肢體造形。

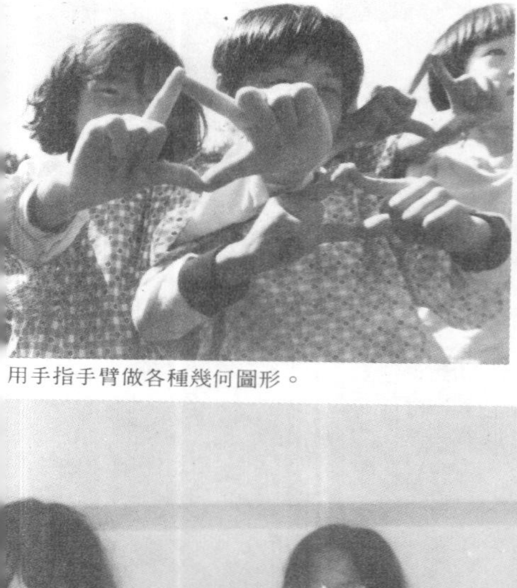

用手指手臂做各種幾何圖形。

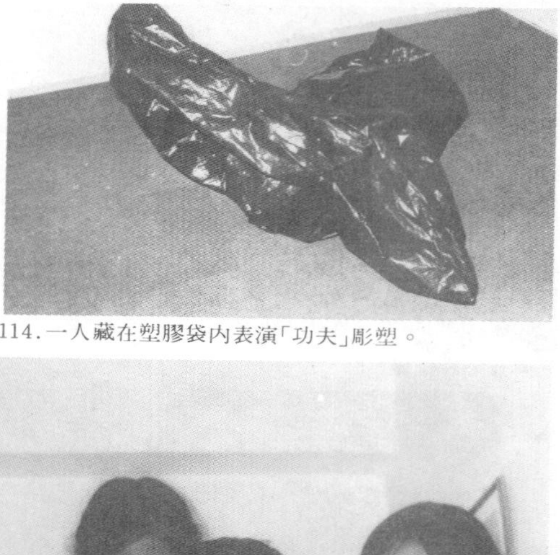

114.一人藏在塑膠袋內表演「功夫」彫塑。

大家一起來做鬼臉。

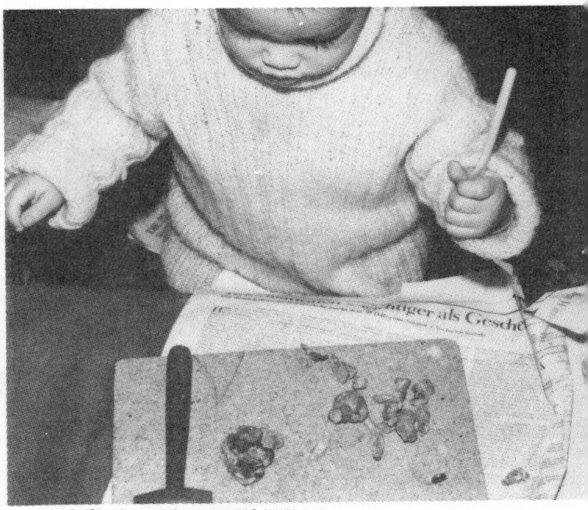

117.幼兒愛用鎚、用壓做泥土。

118.用泥土工具捏塑。

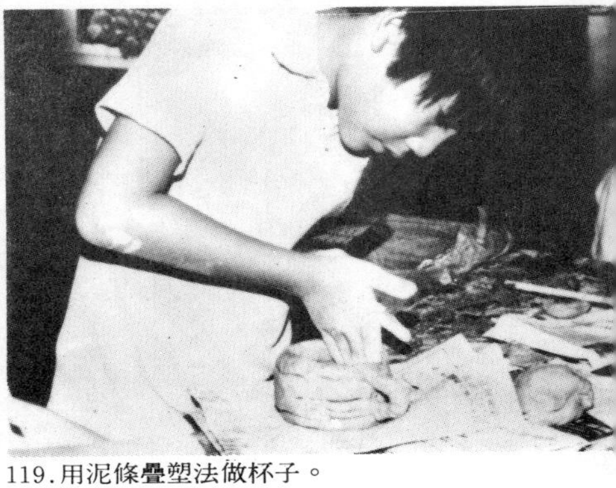

119.用泥條疊塑法做杯子。

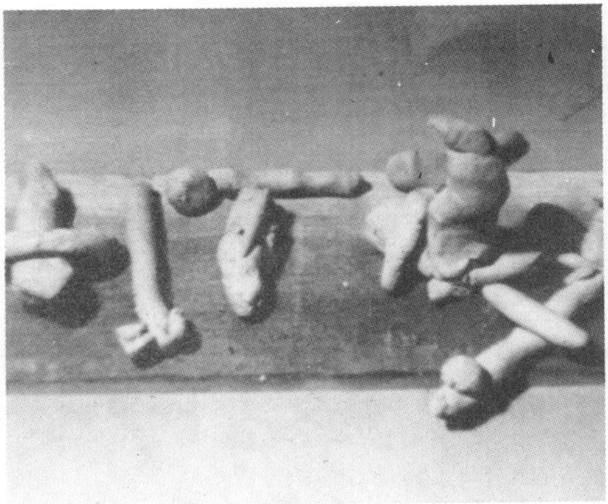

120.幼兒泥條泥球作品做飛機、白兔…。

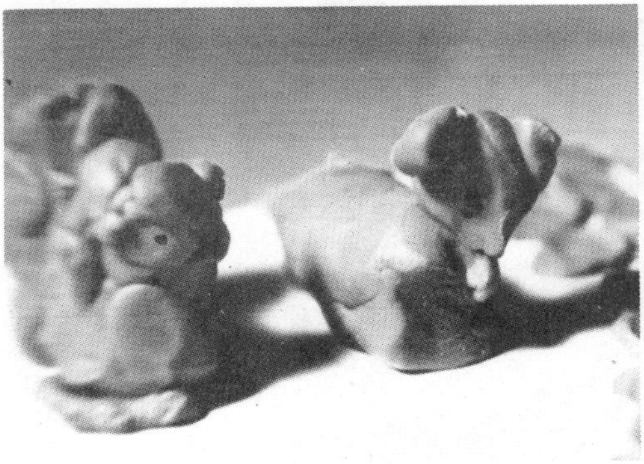

121.較年長幼兒可做具體形狀的泥塑。

122.蜂蠟捏塑作品。

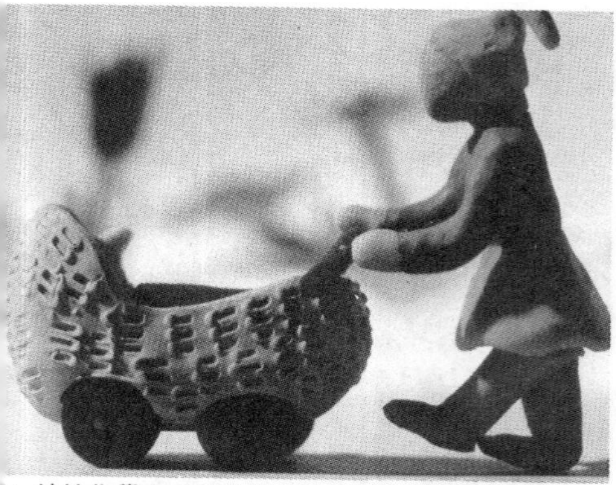

4.油性化學土有顏色組合，亦可用塑膠刀刻劃。

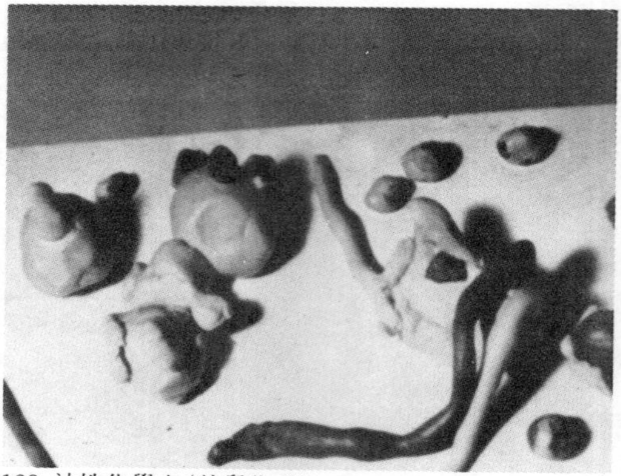

123.油性化學土(幼兒作品)。

5.幼兒作品。

.小學生作品。

128.紙黏土包實物捏塑。(吳鵬飛提供)

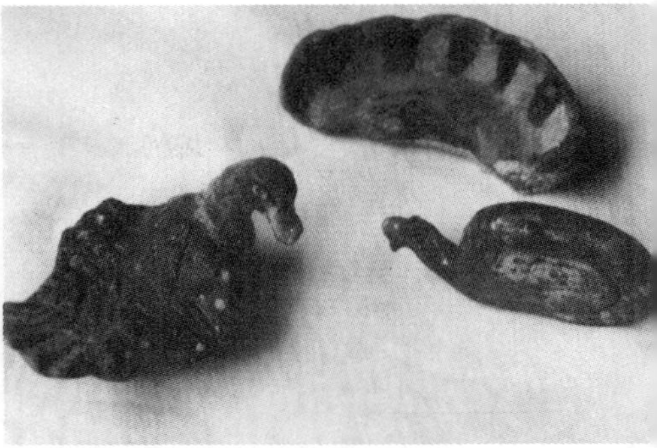
127.紙黏土捏塑後上廣告顏料及亮光漆。

130.做石膏骨架。

131.石膏捏塑完成作品。

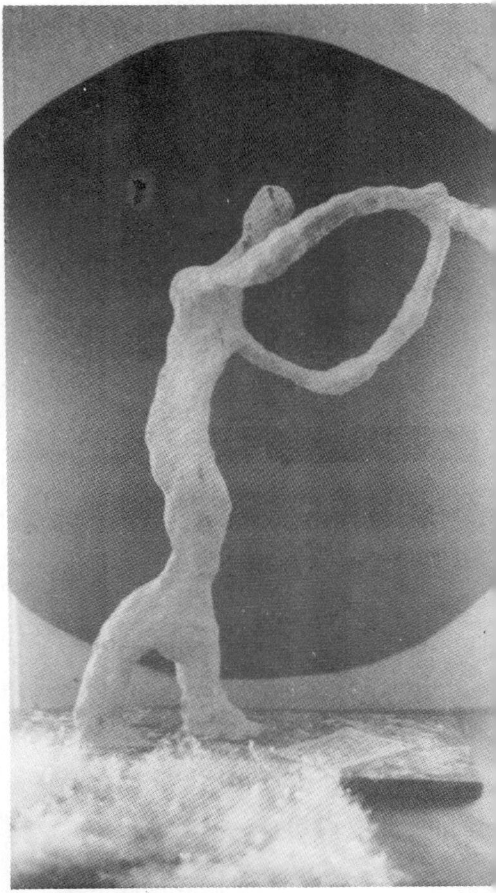
129.紙黏土捏塑在鐵絲骨架上。

133.小汽球可糊成蝸牛、豬、天鵝、不倒翁。

132.用竹皮做骨架，玻璃紙糊成的花燈。(吳鵬飛提供)

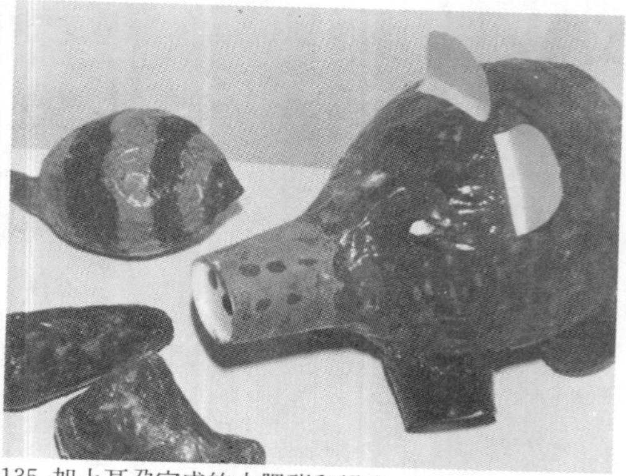

135.加上耳朵完成的大肥豬和蝸牛。

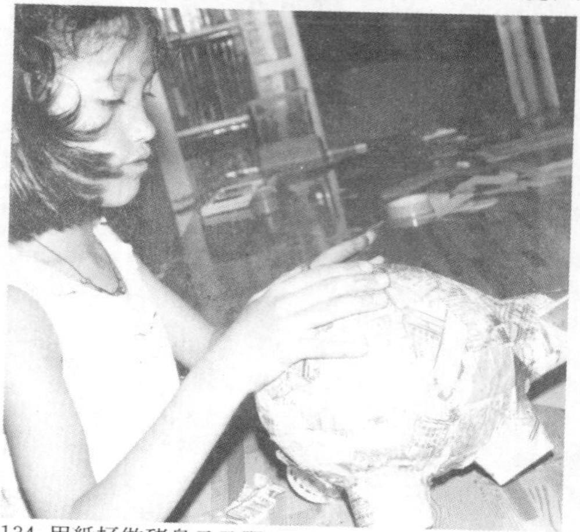

134.用紙杯做豬鼻子及腿。

137.用鐵絲及彩色玻璃紙做的花朵。(吳鵬飛提供)

136.用長汽球糊成的「飛天豬」。

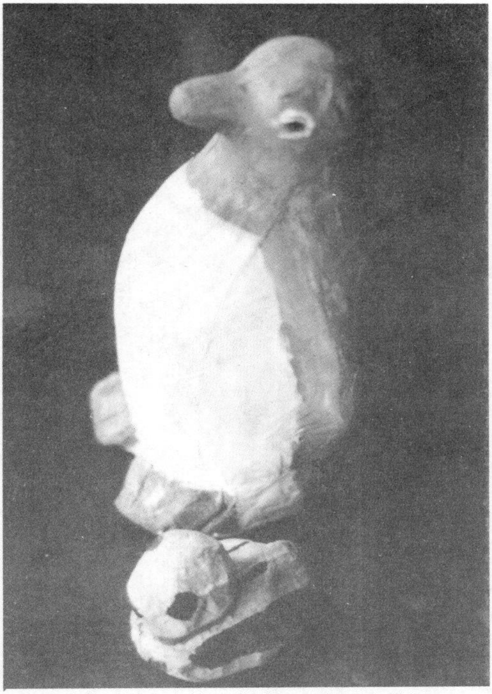

141.在動物玩具上直接用紙糊拓。(吳鵬飛提供)

142.在小花瓶及罐子上直接黏糊包裹。(吳鵬飛提供)

138.用衛生紙漿揑塑在骨架上做成的美人魚。

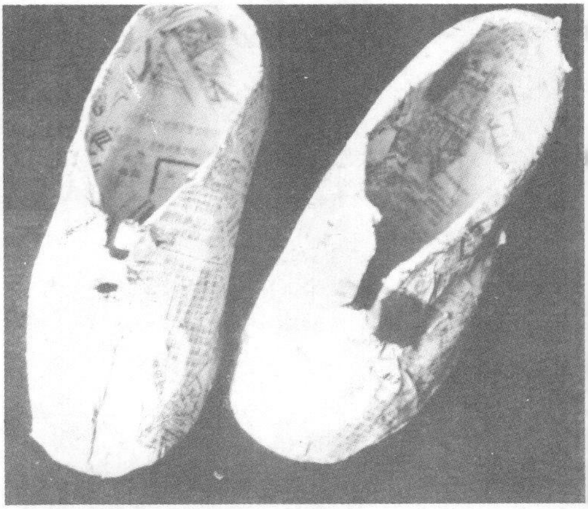

139.報紙糊拓在舊鞋子上，乾後剖開取出鞋子。

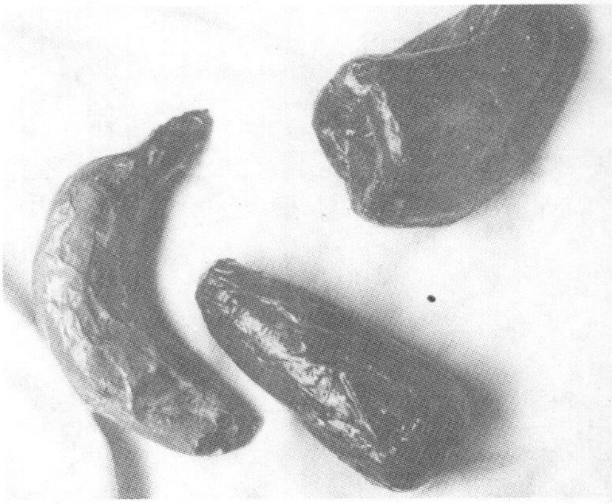

140.報紙糊拓在水果上，乾後取出顏色及亮光漆。

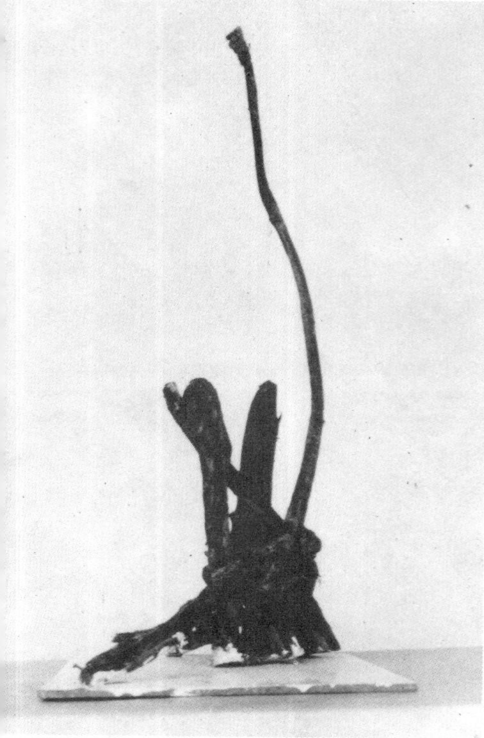

44.樹根造形。

143.普麗龍球及擦烟斗用的毛鐵線做成的小人。

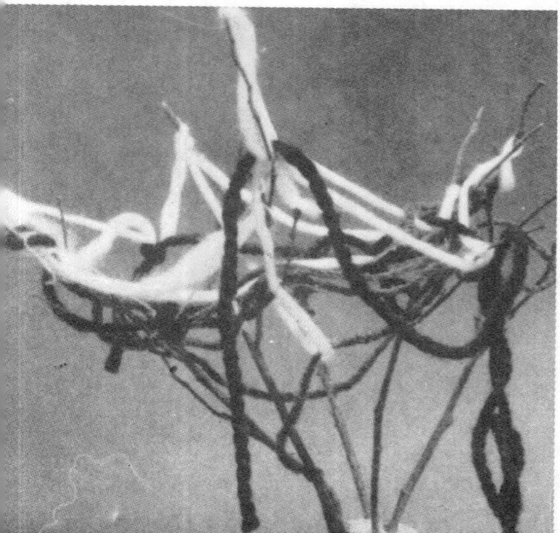

6.樹枝毛線造形。(幼兒適用)

145.樹枝紙條及廣告顏料的造形。(幼兒適用)

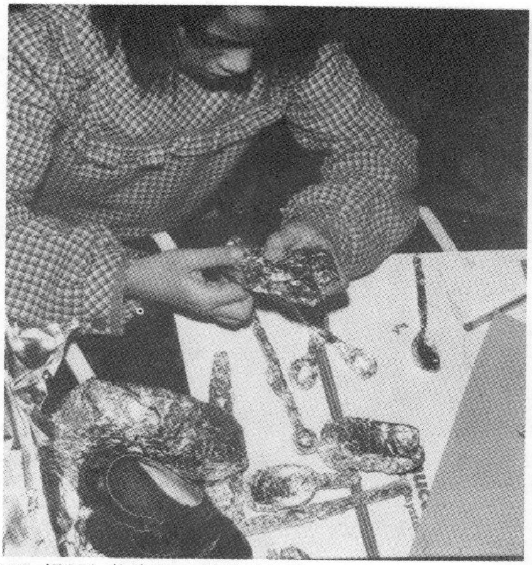

150.錫紙包紮實物，增強成就感。

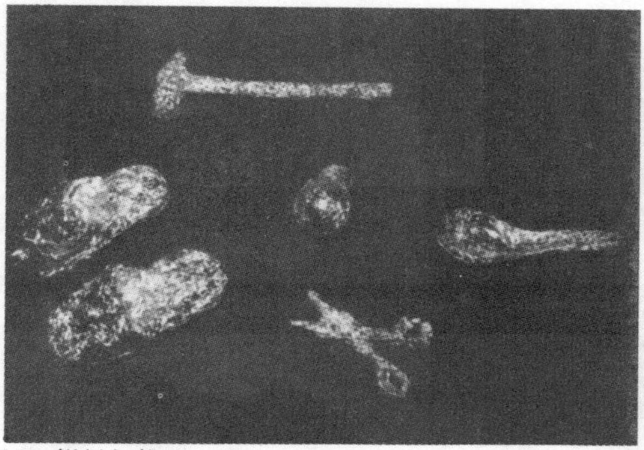

151.錫紙包紮的小用品。

152.錫紙球穿成珠鍊。

147.幼兒紙工——鹹魚。

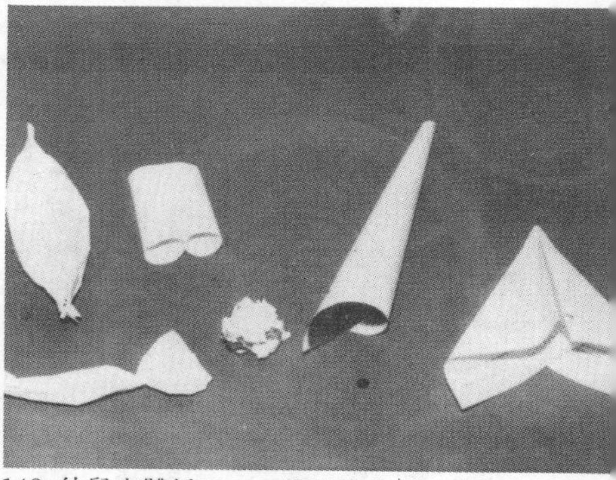

148.幼兒立體紙工——簡單的摺揉造形。

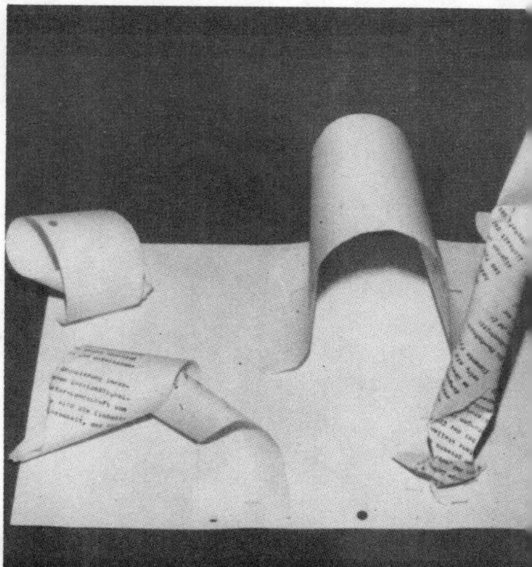

149.幼兒立體紙工——隨意彎曲摺黏。

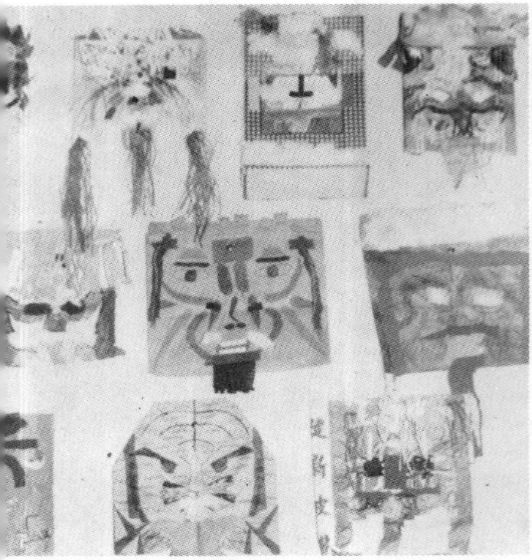

各式紙袋面具。

各式紙盒面具

153.用裝鷄蛋的紙袋做手面具。

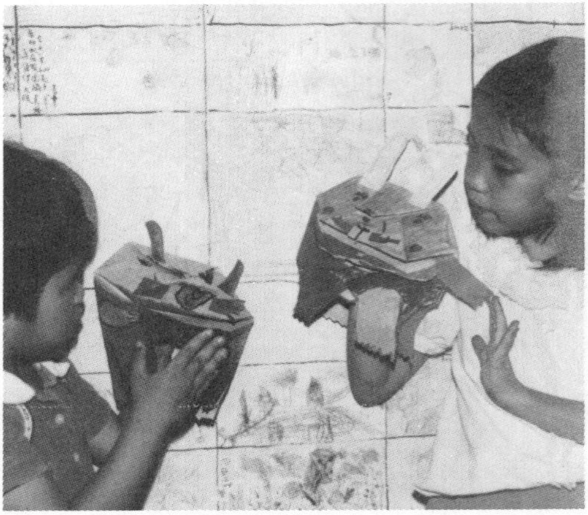

154.鷄蛋袋底部可撕開當嘴巴開合

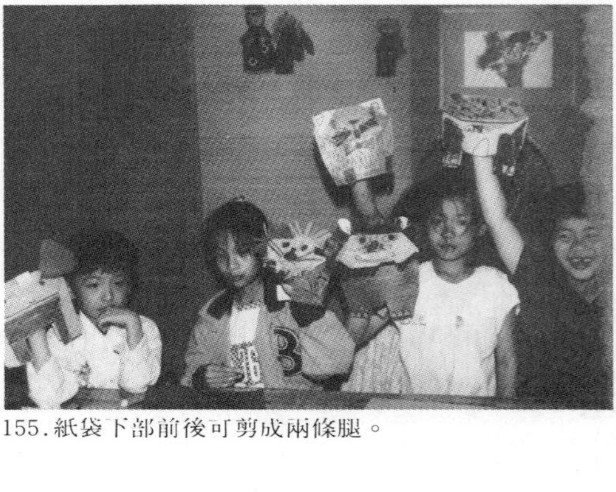

155.紙袋下部前後可剪成兩條腿。

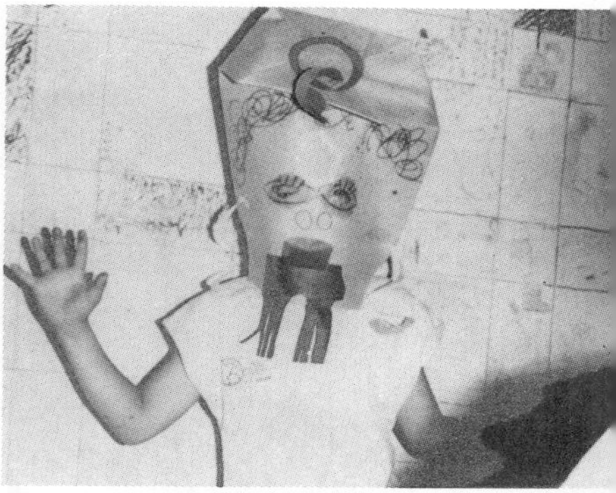

158.大紙袋套頭的面具。

159.彈簧紙卷做頭髮。

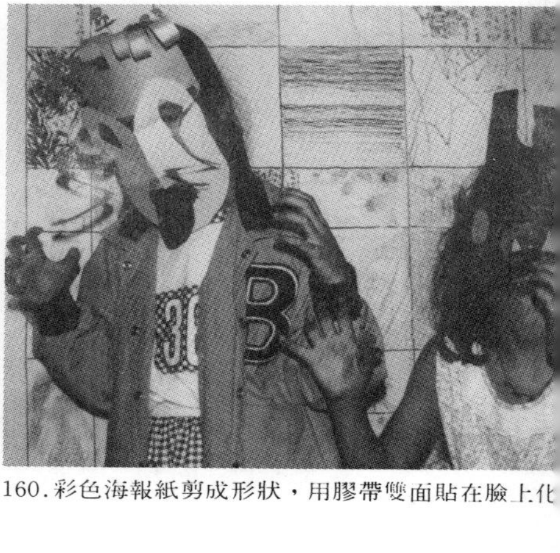

160.彩色海報紙剪成形狀，用膠帶雙面貼在臉上化

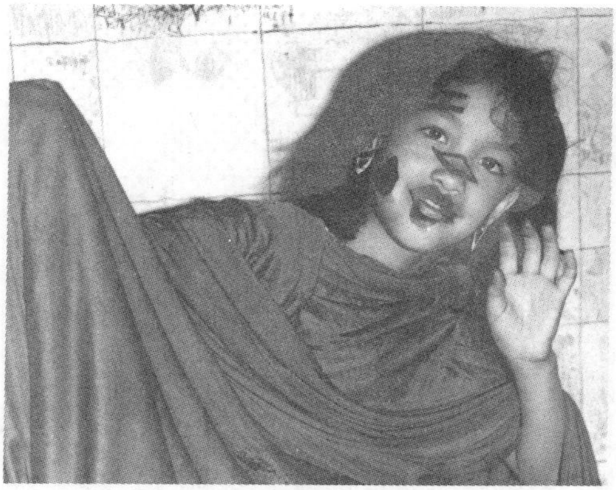

161.小片海報紙造形膠帶黏貼化裝，簡單乾淨。

162.頭髮、耳環均可自由創作。

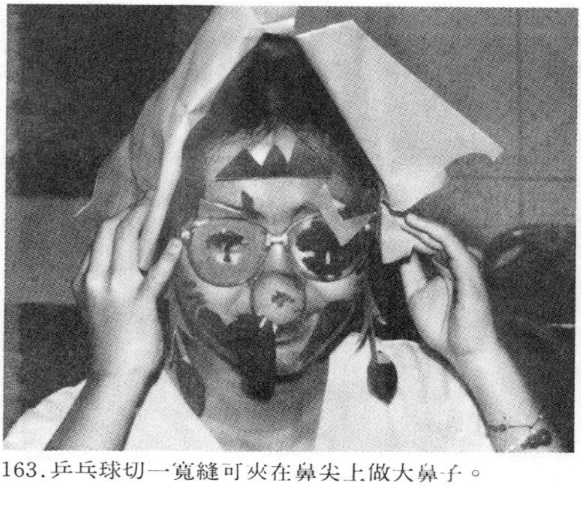

163.乒乓球切一寬縫可夾在鼻尖上做大鼻子。

故紙人。

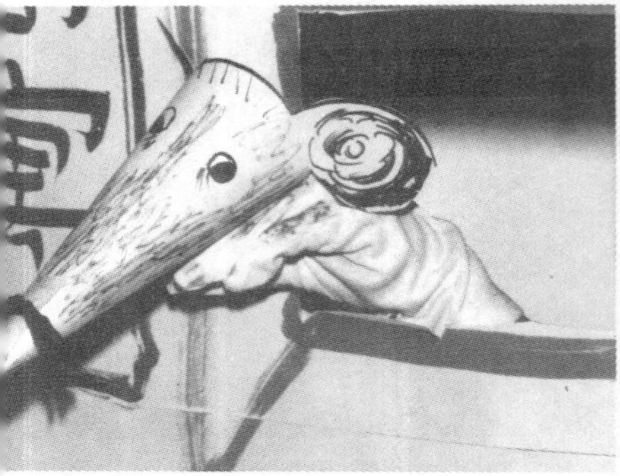

故尖嘴老鼠。

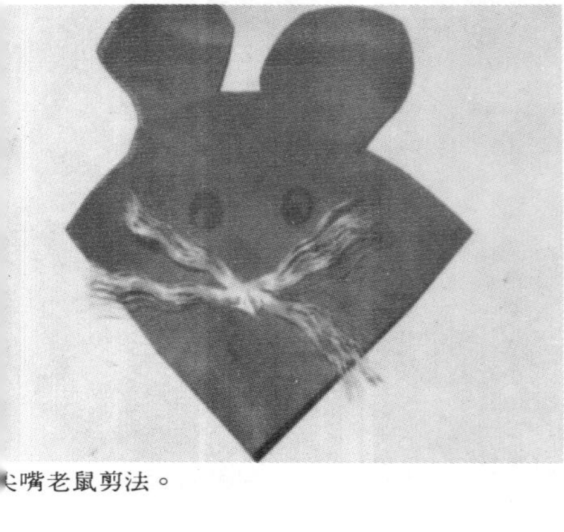

尖嘴老鼠剪法。

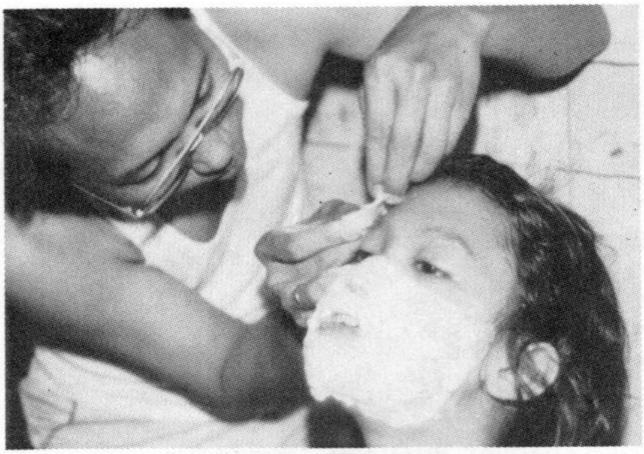

164.面部塗上凡士林膏用繃帶石膏拓眞形面具。

165.取下的石膏面具，可上顏色。

166.做紙環串成紙鍊。

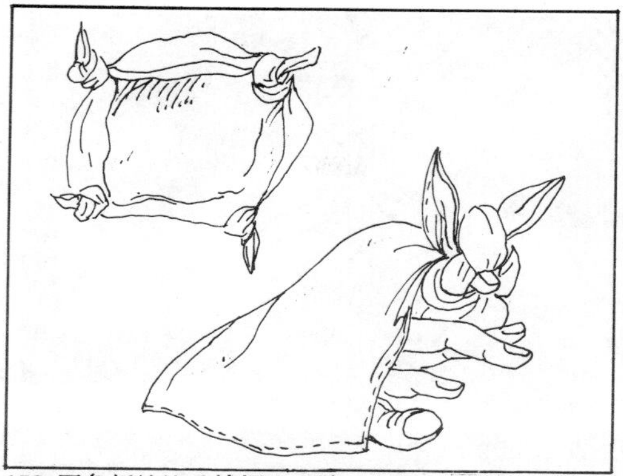

173.四角打結的手帕帽及手帕小老鼠。

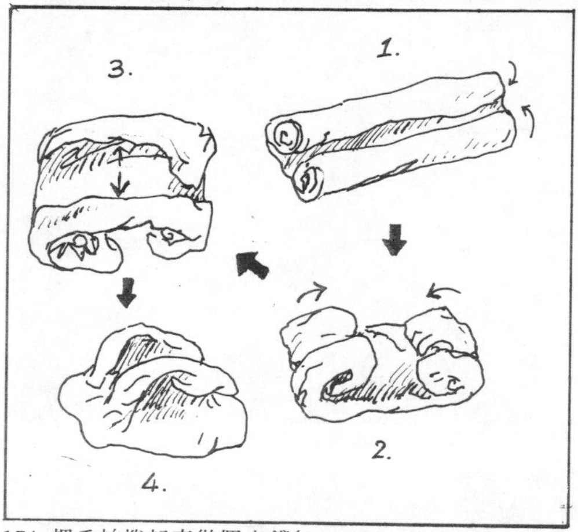


174.把手帕捲起來做個小錢包。

175.用手帕或袜子打個結做布偶。

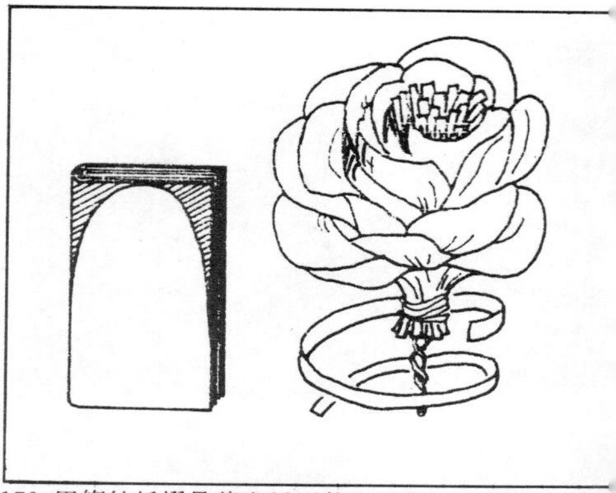

170.用縐紋紙摺疊剪成弧形狀康乃馨、玫瑰花。

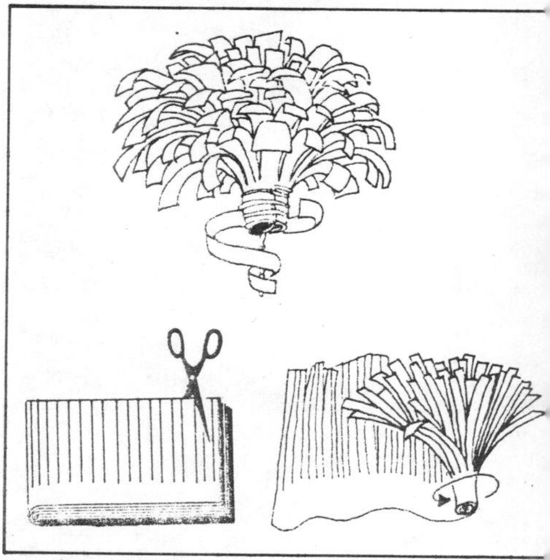

171.剪成小條做菊花。

172.依前述摺疊剪紙原則可做成椰子樹。

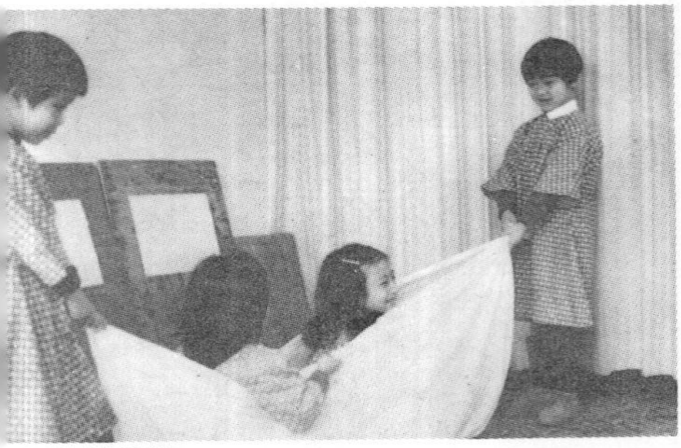

.用被單做船。

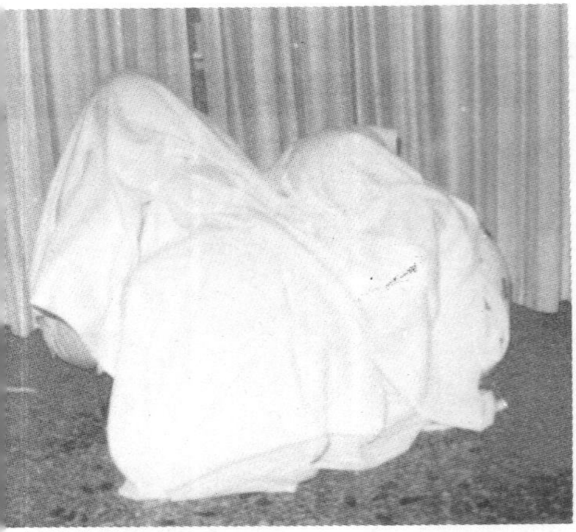

.用被單做小山丘。

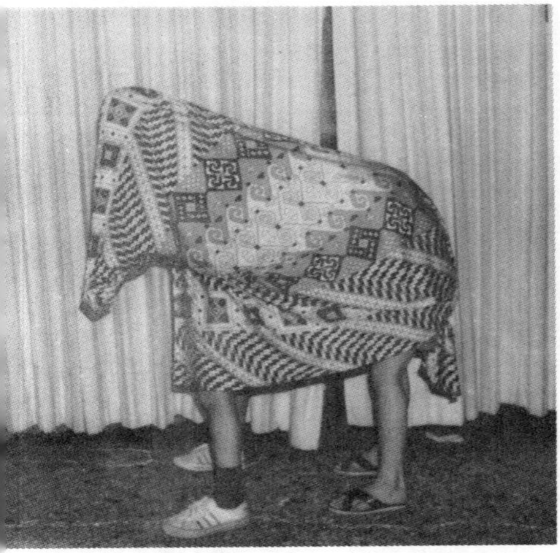

1.用被單做大象。

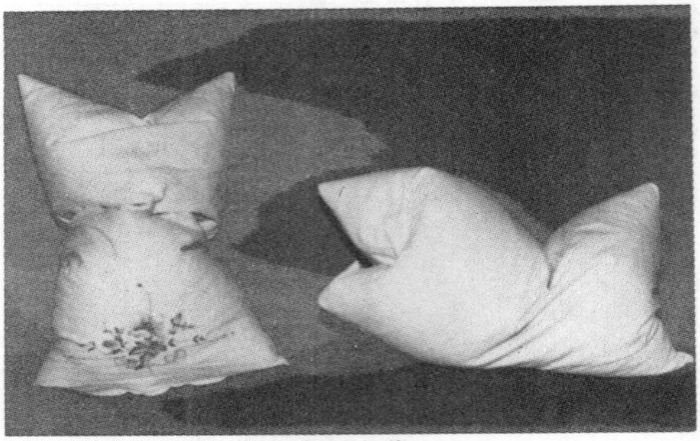

176.枕頭造形——貓、魚的想像。

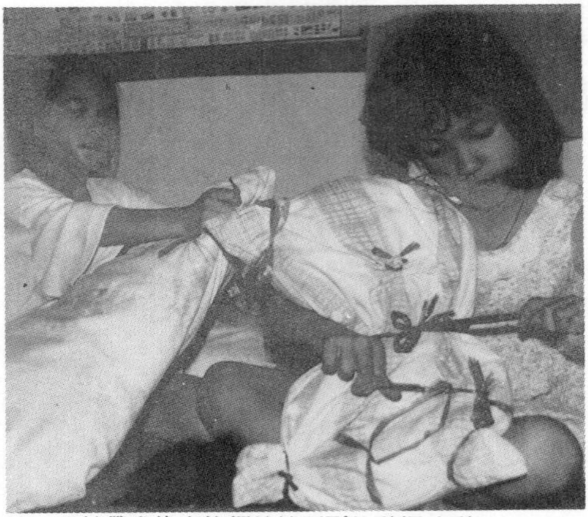

177.用絲帶或橡皮筋綑結枕頭更能發揮造形。

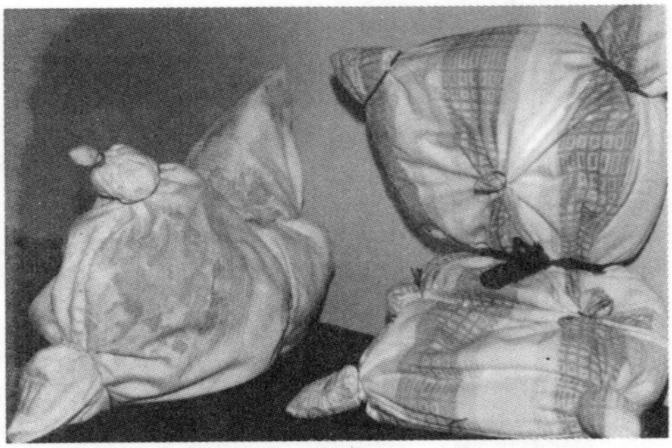

178.有耳朵有手脚的貓、母鷄。

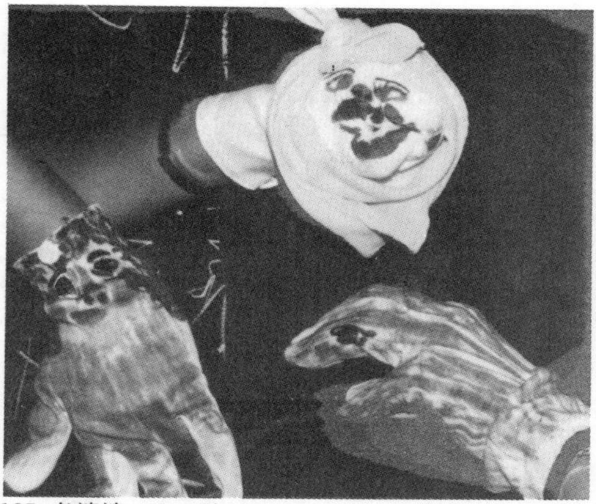

185.老婆婆、人、蛇。

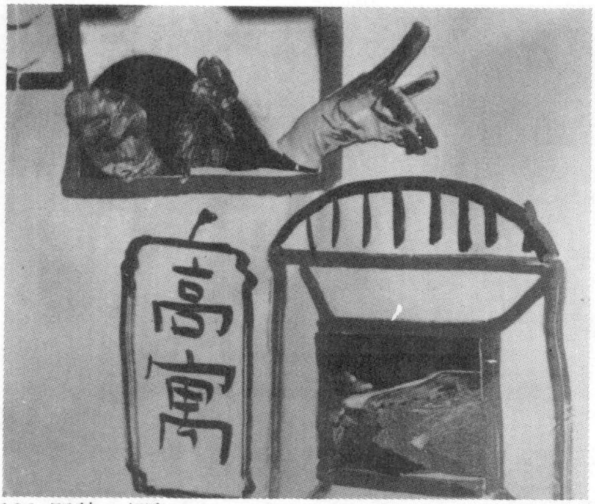


186.野狼、鱷魚……。

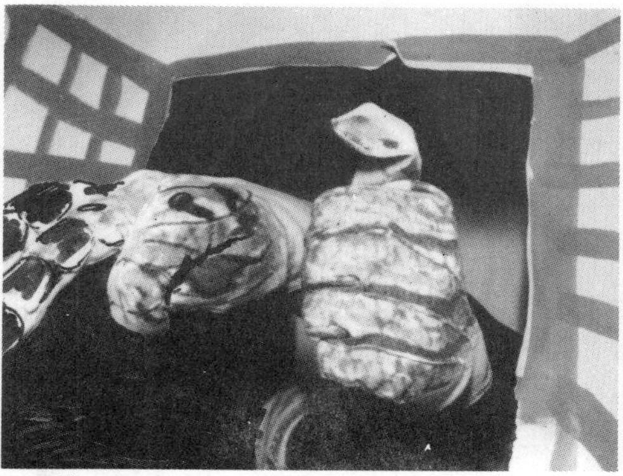

187.蛇、寄居蟹。

182.小布袋包紮做成的小動物。

183.製作手套偶。

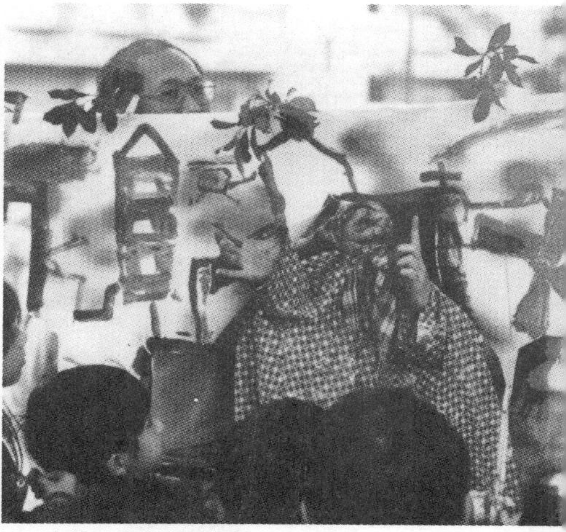

184.上演手套偶(老婆婆)。

).跳舞的人(一隻手藏起來)。

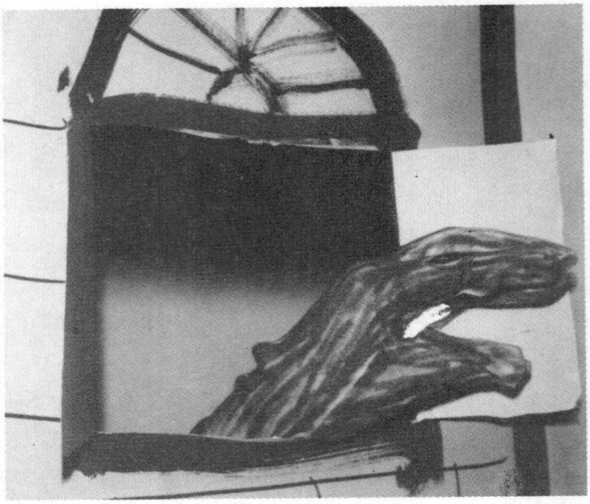

188.蛇頭(掌心畫舌頭)。

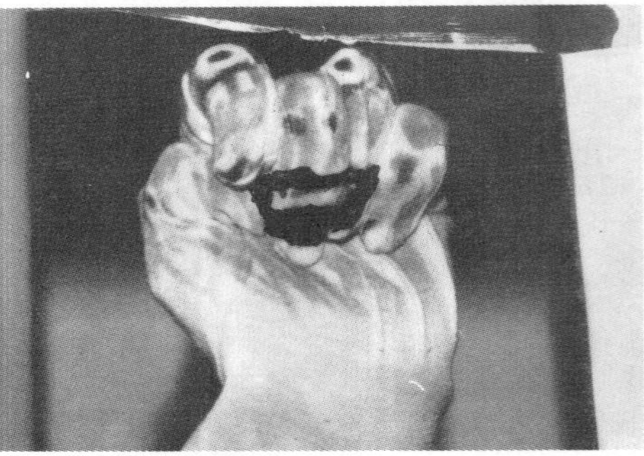

.青蛙(食指及無名指略提高做眼睛)。

189.魚(魚尾可擺動)。

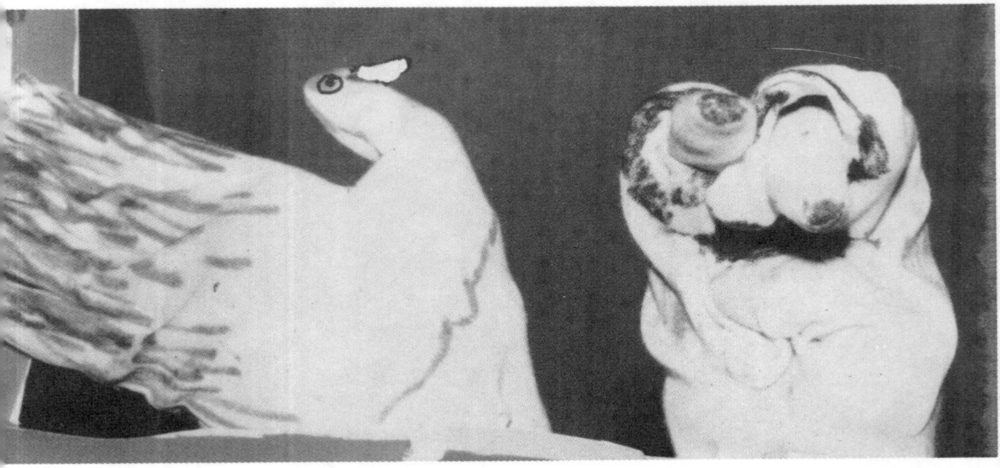

2.E・T、鴨子。

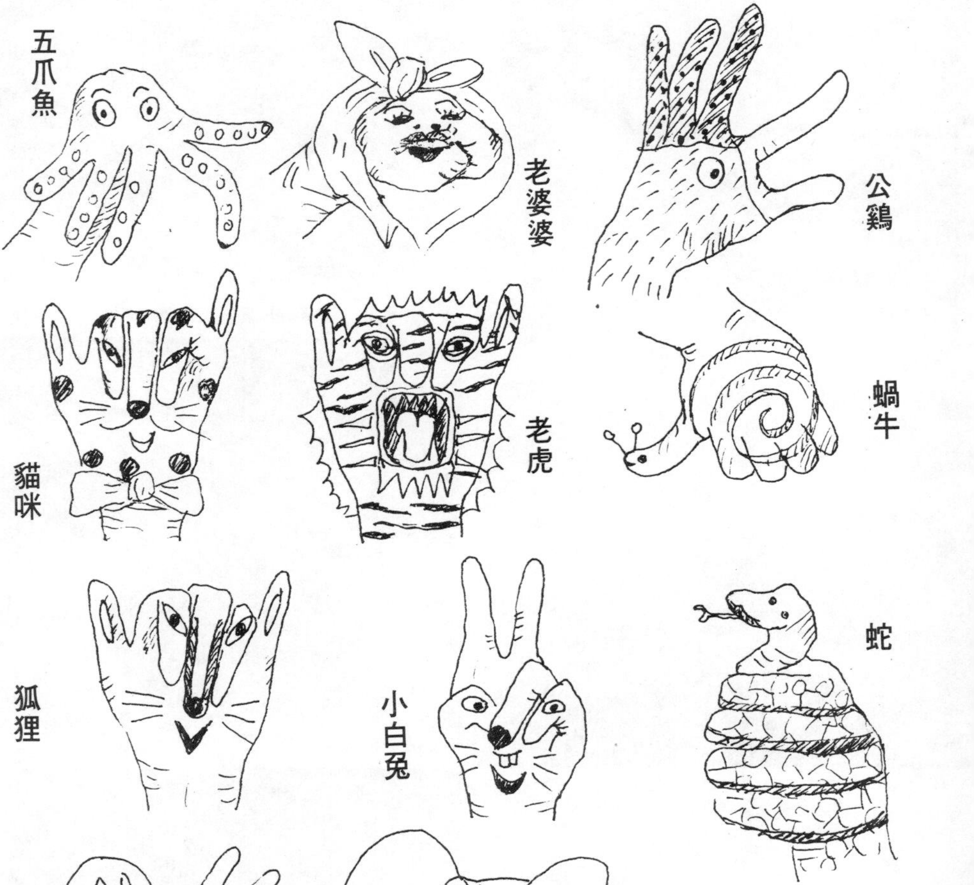
五爪魚
老婆婆
公鷄
貓咪
老虎
蝸牛
狐狸
小白兔
蛇
蝴蝶
大象
鴨子

193.各種手套畫法。

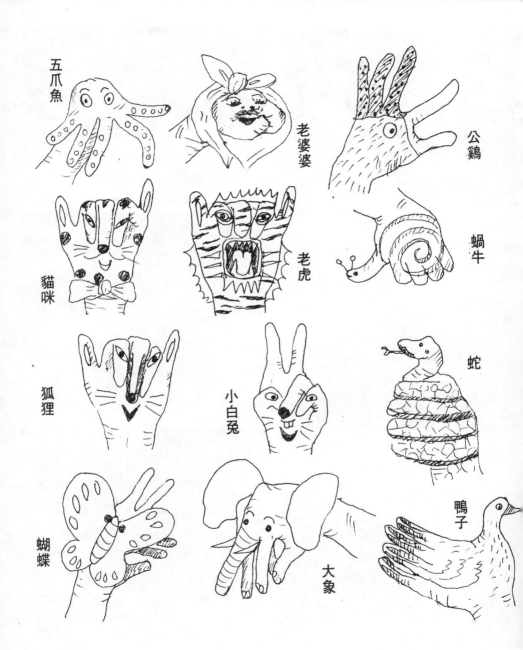

7.楊桃香腸做長頸鹿。

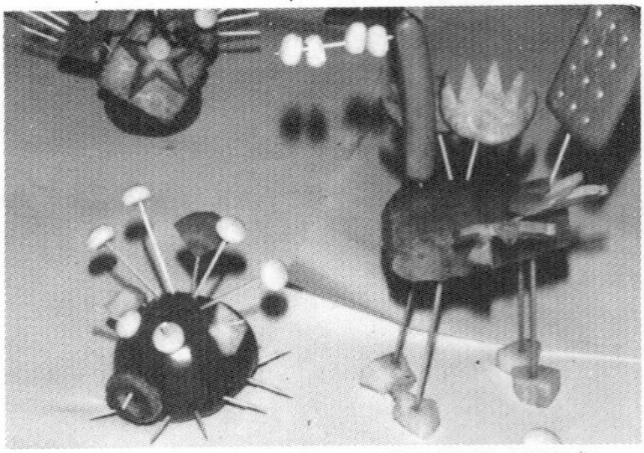

194.用蘋果、紅蘿蔔、香腸、牙籤做刺蝟、長頸鹿。

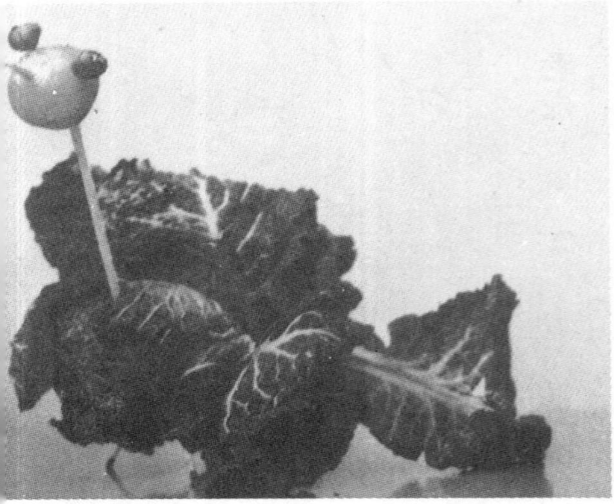

8.蔬菜做的小鳥。

195.桔子可當蠟燭台。

9.核桃殼做的小車子。

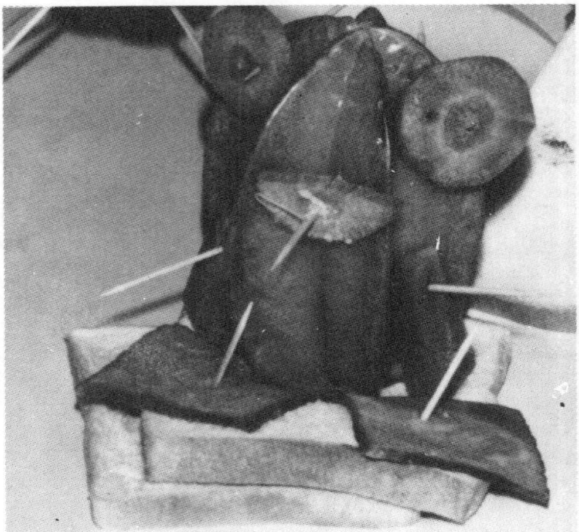

196.楊桃可做成貓頭鷹。

200.小指人設計。

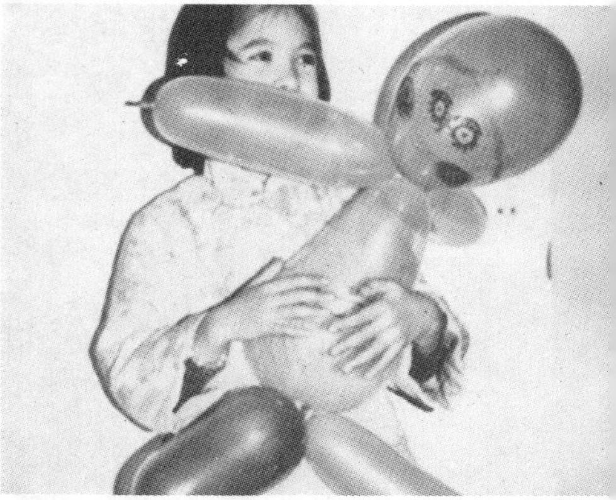

201.汽球囡。

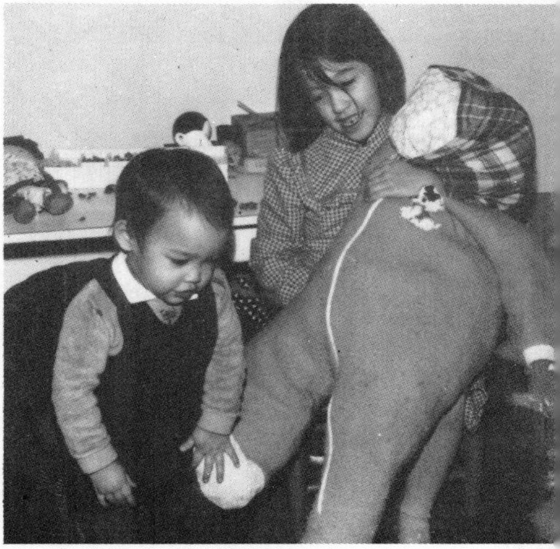

202.塞破布囡，很有眞實感。

203.用木匙羹做的木偶戲。

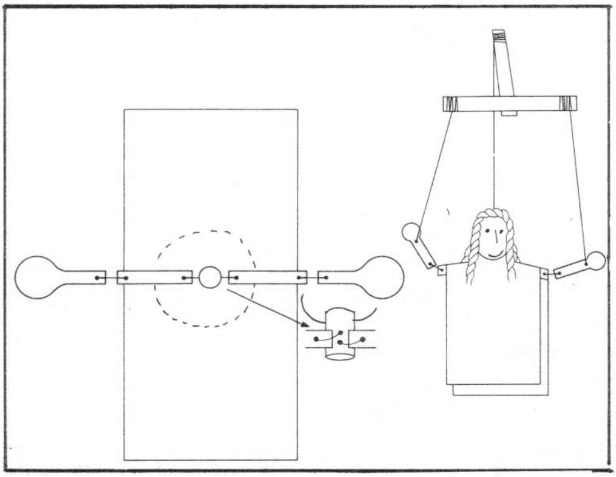

204.簡易的木偶戲做法。

8.鐵絲做成之小白兔。

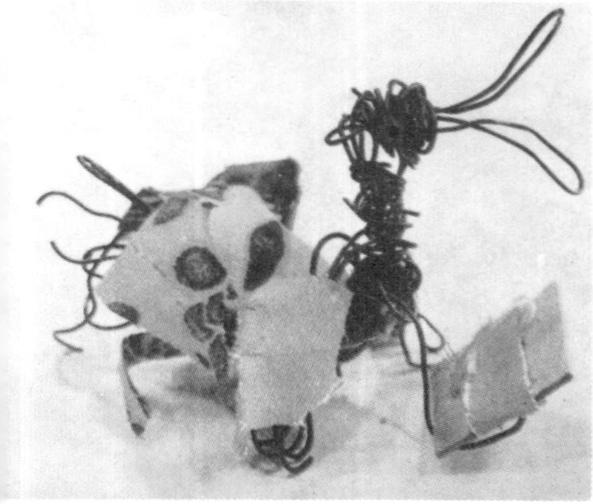
9.鐵絲綑毛線及棉花。

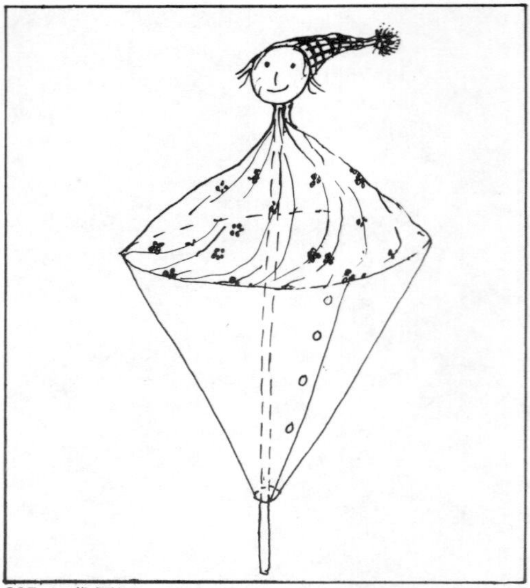
205.口袋囡囡。

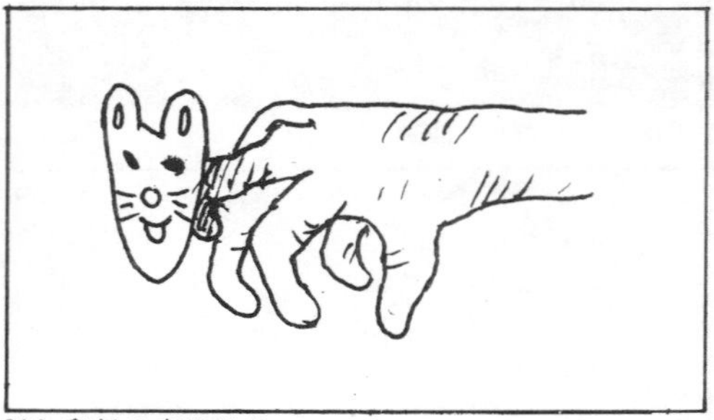
206.爬行手套偶做法。

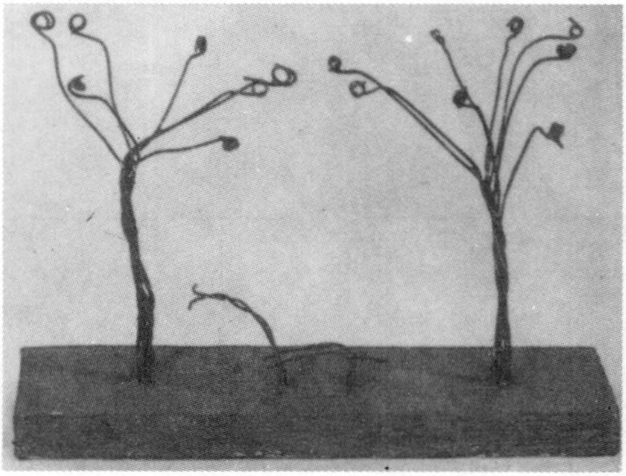
207.鐵絲做成之樹木。

213.女孩子也有很大的興趣拿鎚子。

214.舊木板釘起來像飛機。

215.鐵釘造形(大鐵釘較不易受傷)。

210.紙盒造形。

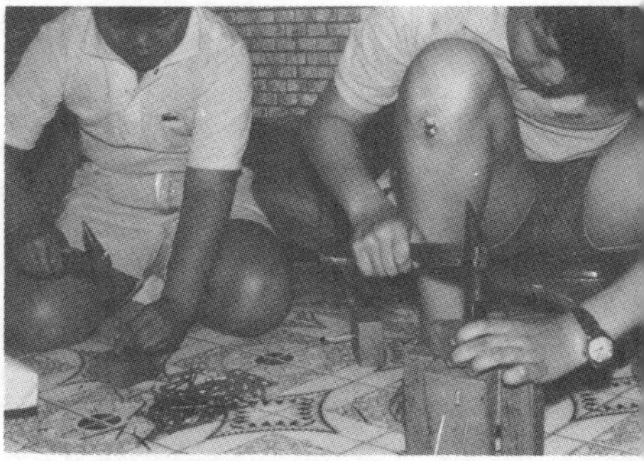

211.用輕質木頭釘木工。

212.機器人完成了。

鐵罐可固定在牆上當搜集櫃使用。

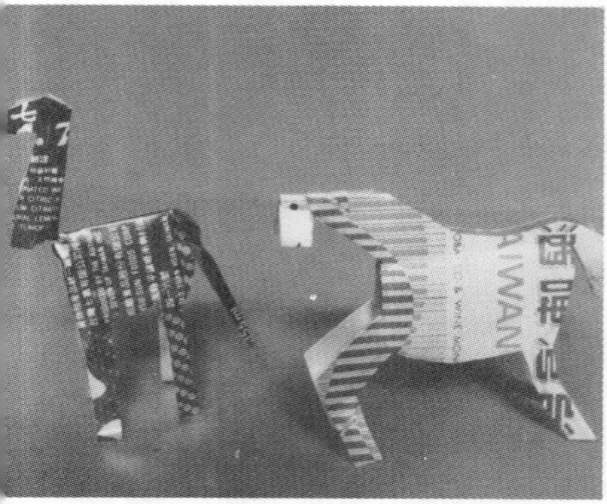

鐵皮造形——馬、駱駝。(吳鵬飛提供)

鐵皮造形——大象、駱駝。(吳鵬飛提供)

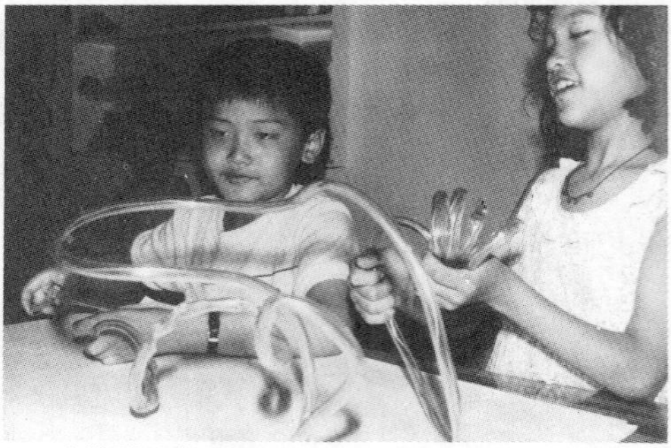

216.水管鐵線彎曲造形。

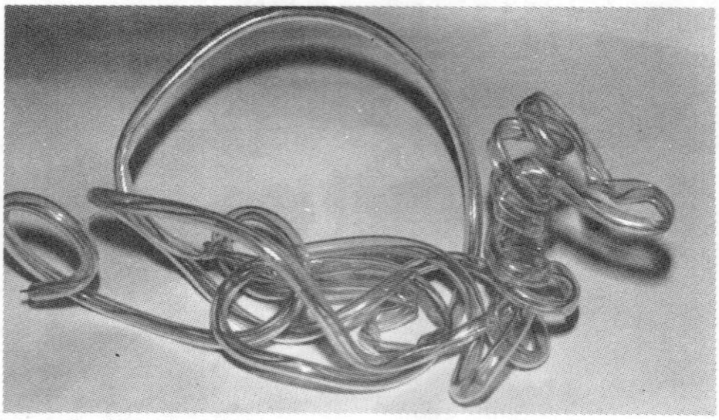

217.完成的鴨子作品。

218.鐵罐造形。

225.保特瓶造形。

226.養樂多瓶子上彩。(廣告顏料加飾樹脂)

227.肥皂汽車造形(吳鵬飛提供)

222.石頭可用彩色筆畫圖案。

223.小石頭亦可用來排圖形。

224.小石頭上彩後可疊小人。

、輕質保利龍積木，幼兒易於操作。

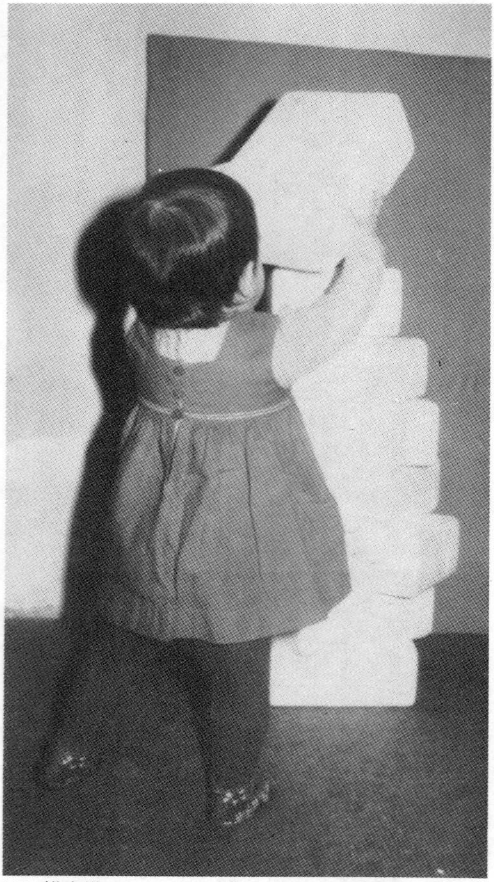

228. 堆高塔。

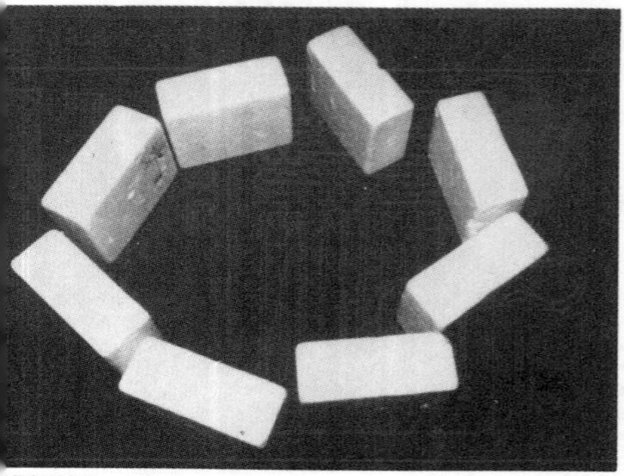

圍圓圈。

230. 讓幼兒按軌跡放置積木。

233.疊層塔

235.研究積木何時倒榻。

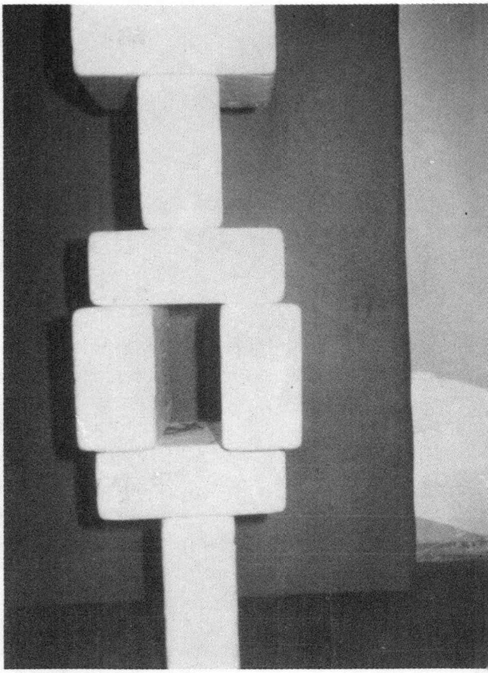

232.積堆牌樓遊戲。

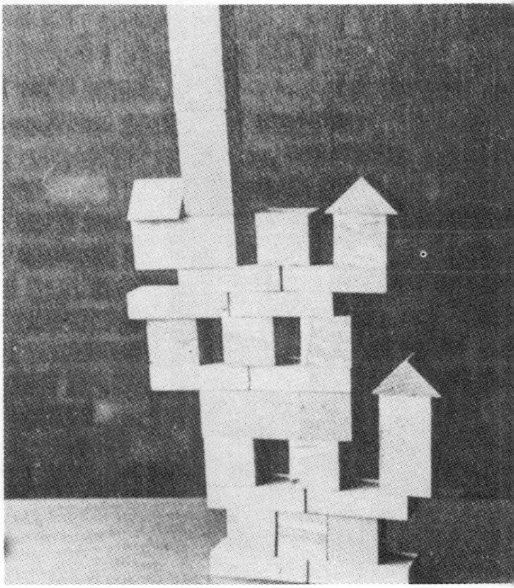

234.年長兒童堆砌的平衡積木。

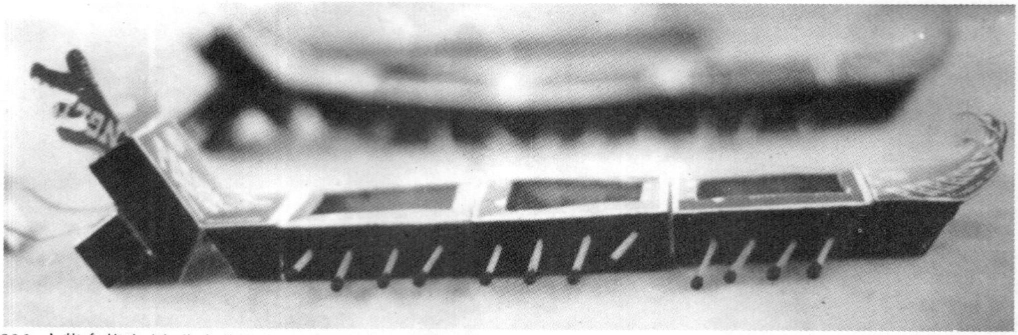

236.火柴盒龍舟(台北中華兒童博物館提供)。

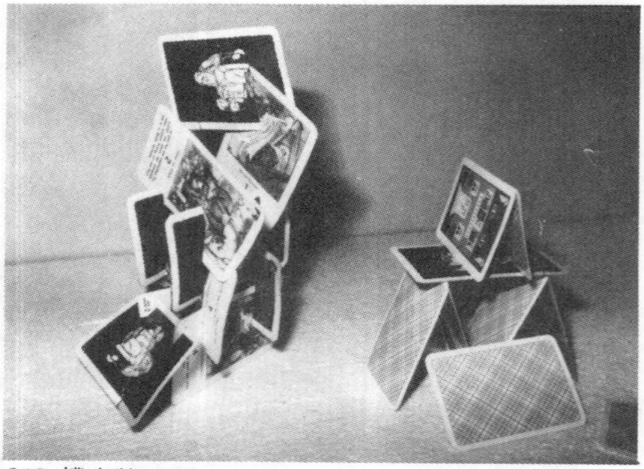

240.撲克牌造形。

239.堆鐵罐。

237.堆火柴盒車子。

238.火柴盒架橋。

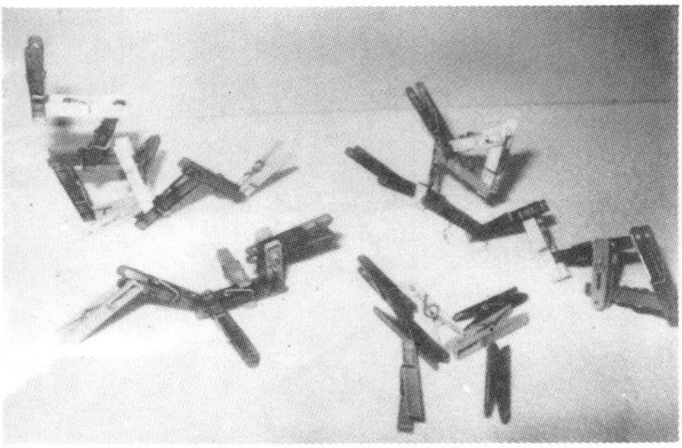
244.曬衣夾造形。

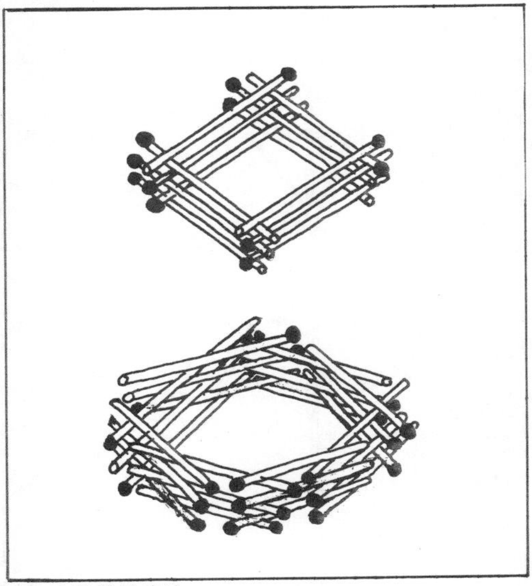
245.火柴棒疊井幹。

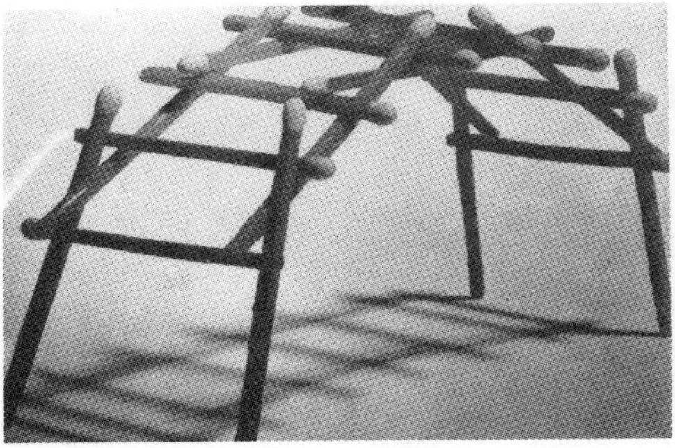
246.火柴棒「虹橋」原理(不加黏膠)。

241.書本造形——花朵。

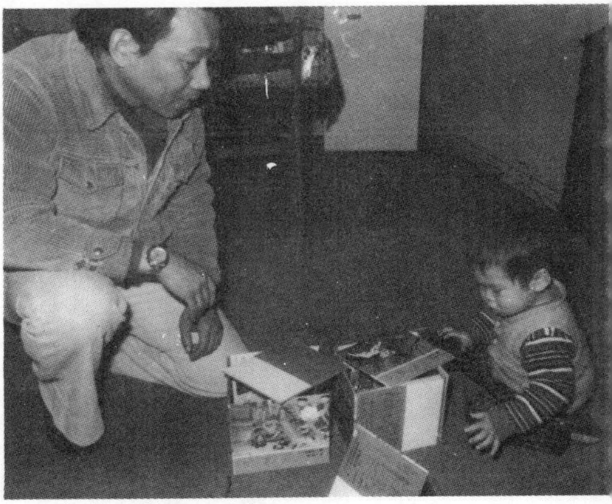
242.書本造形——房子。

243.曬衣夾造形——馬。

250.牙籤小豆子。

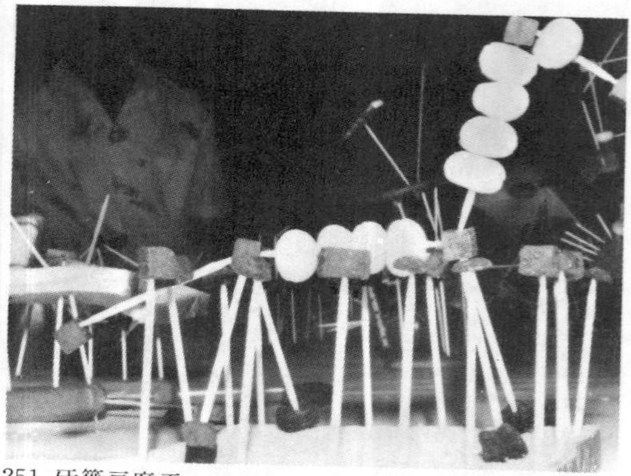
251.牙籤豆腐干。

252.牙籤豆腐干工程架。

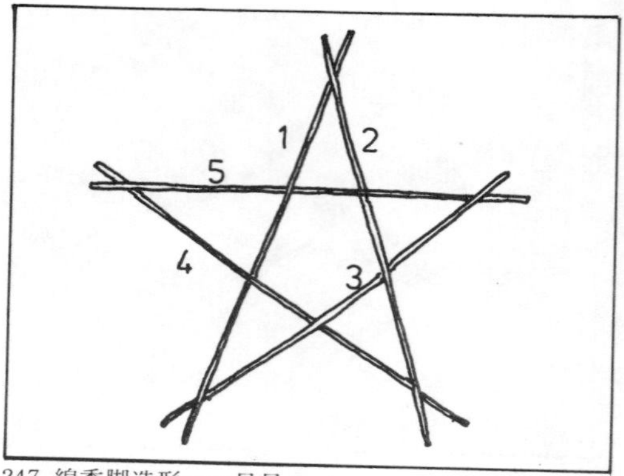

247.線香脚造形——星星。

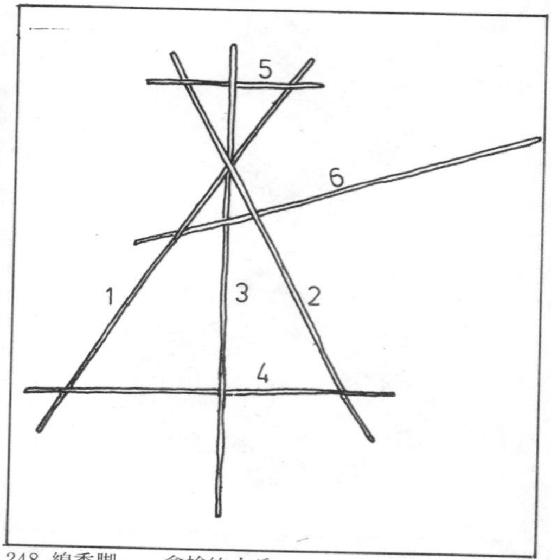

248.線香脚——拿槍的士兵。

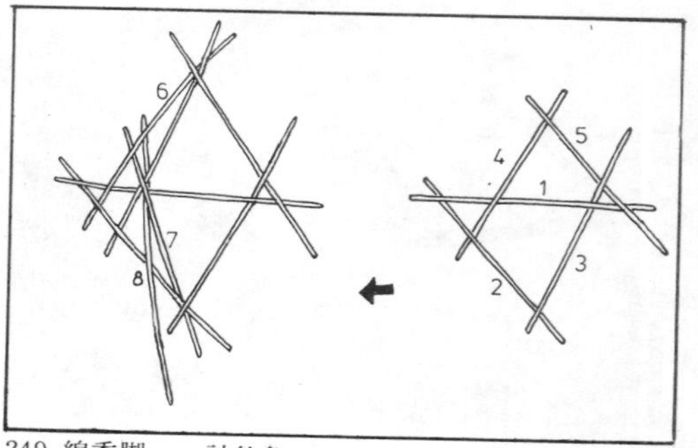

249.線香脚——神仙魚。

256.橡皮筋勾在釘子上做房子造形。

257.工程架滑輪研究。

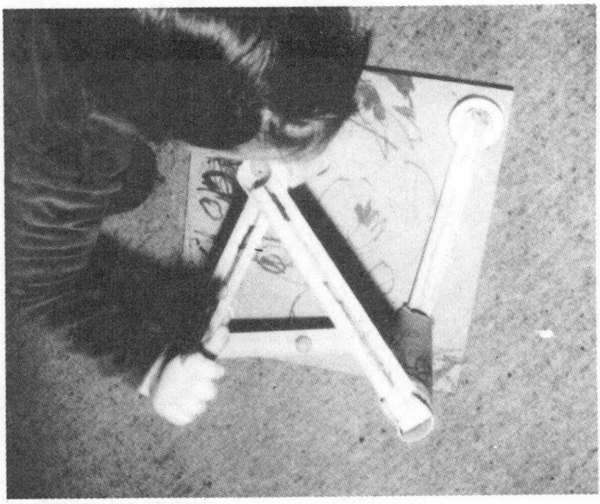

258.自製彈珠滑梯。

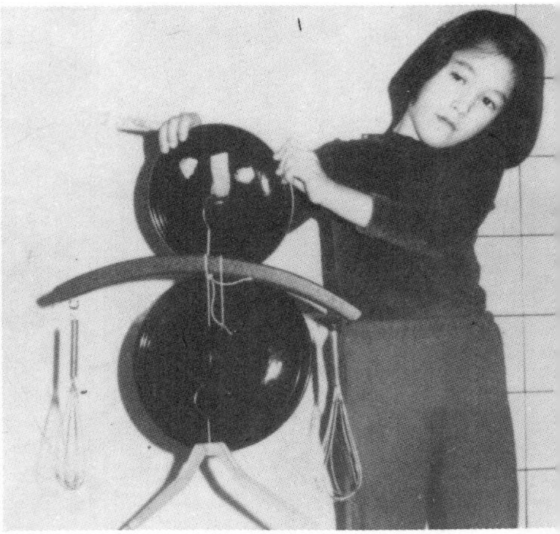

253.衣架、鍋蓋做成人形。

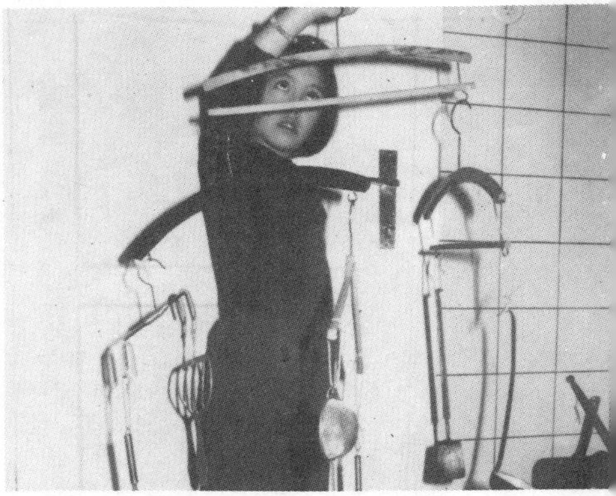

254.衣架、炊具活動雕塑。

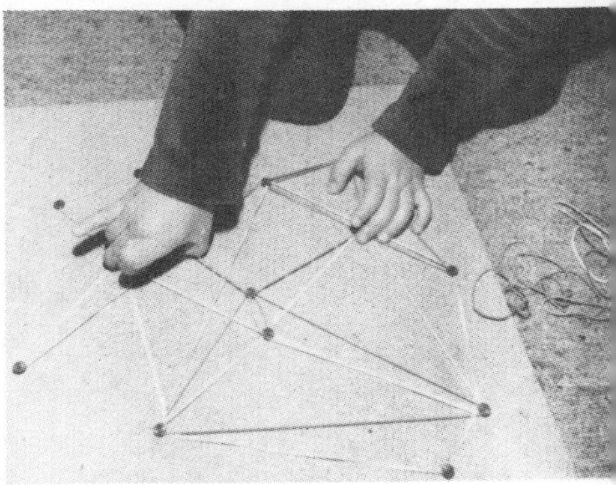

255.橡皮筋幾何造形。

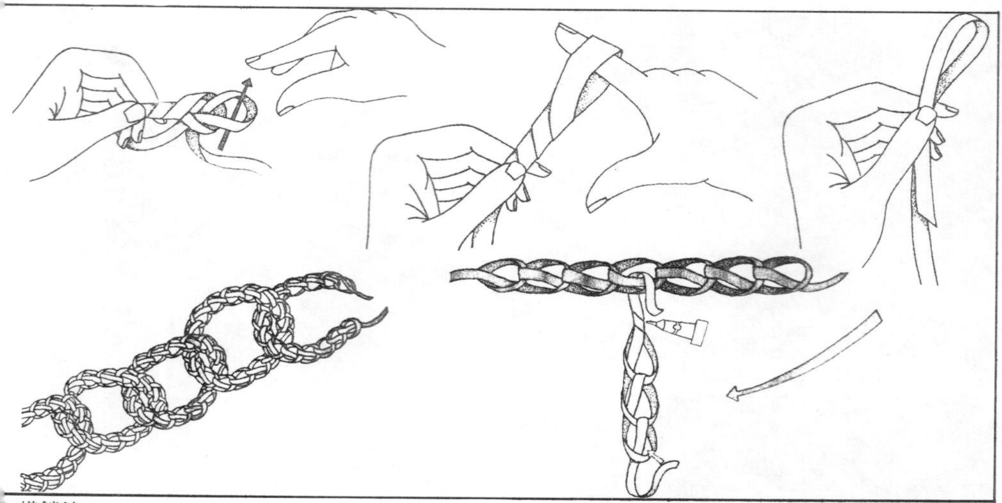

.織鎖鍊。

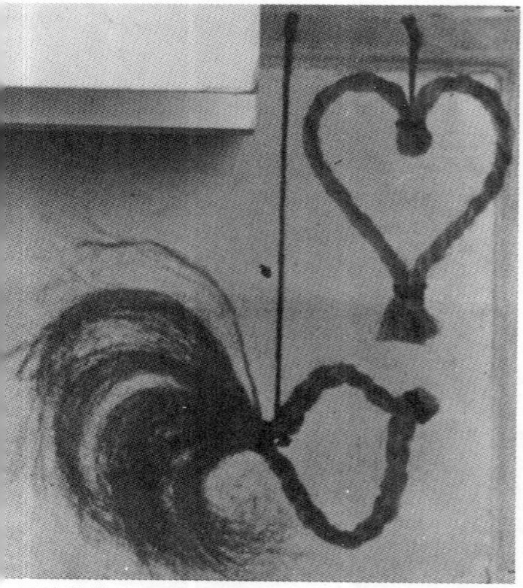

.用乾草織人字帶做的紅心、金魚。

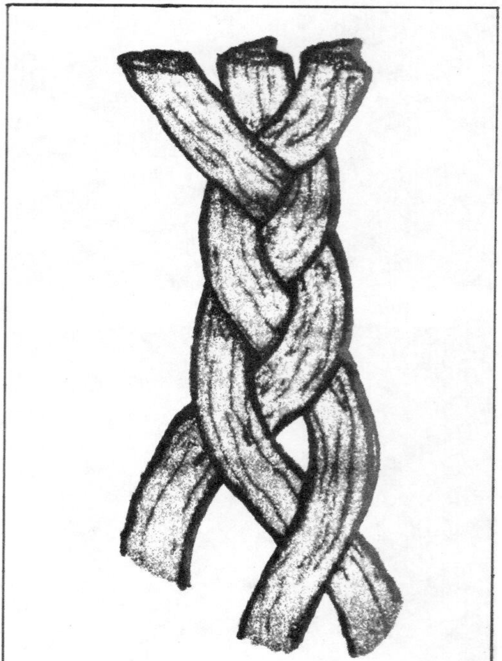

261.織人字帶基本動作。

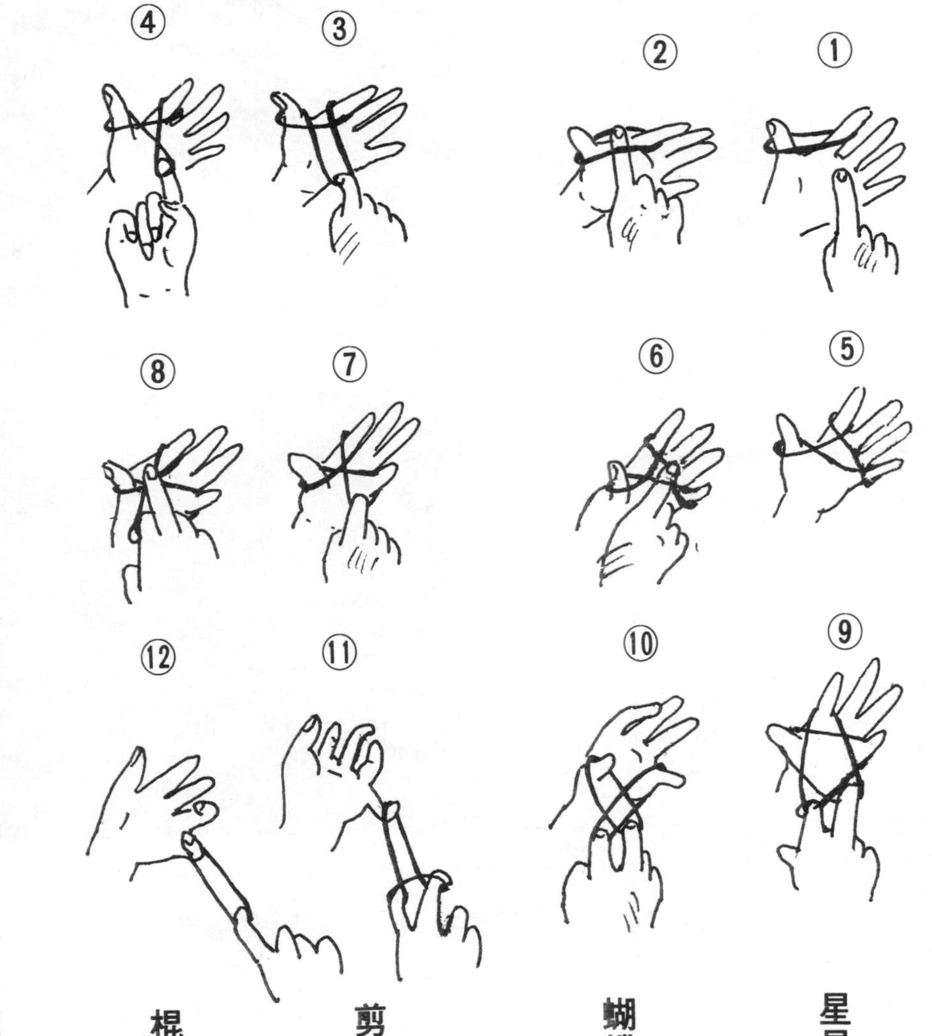


260. 中國童玩的橡皮筋星星。

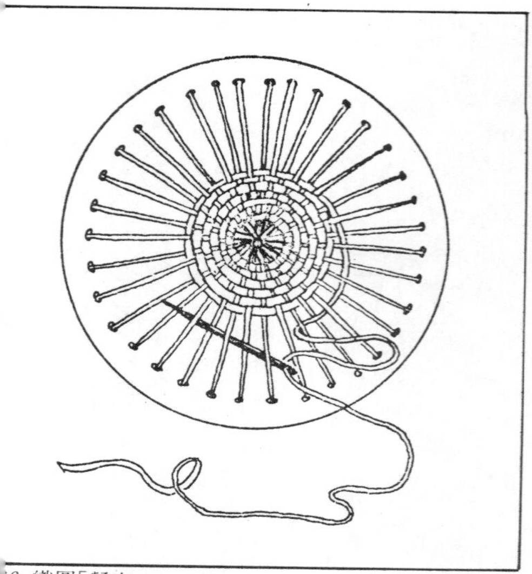

6.織圓「餐巾」。

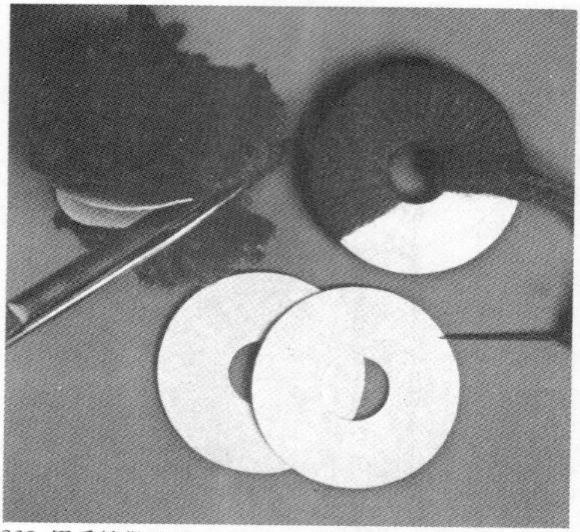

263.用毛線做線球。

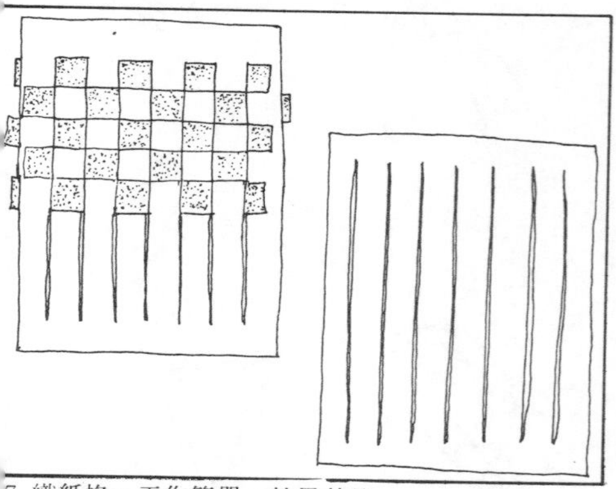

7.織紙格，工作簡單，效果甚佳。

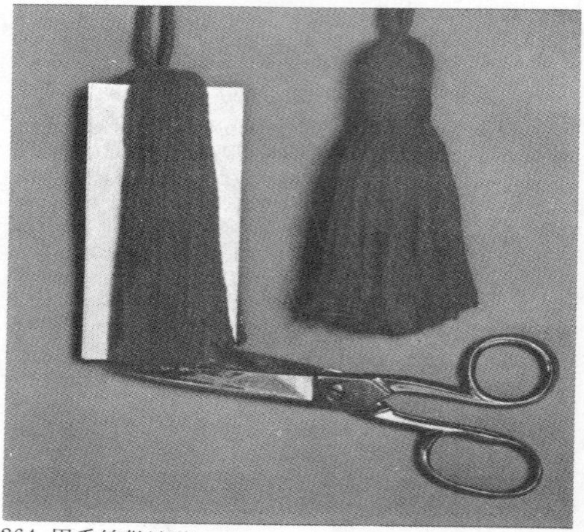

264.用毛線做流蘇。

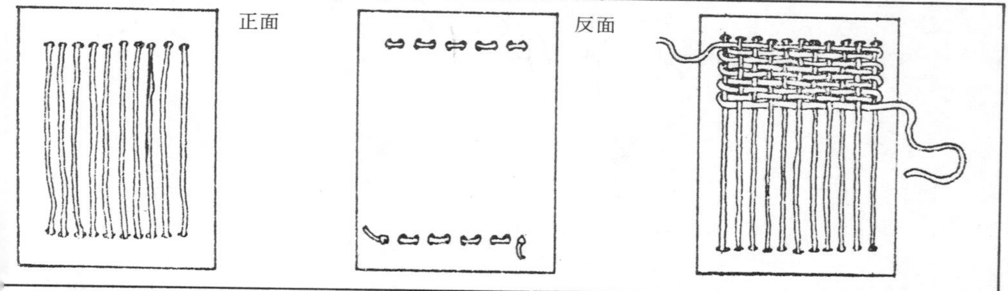


.織「蓆子」。

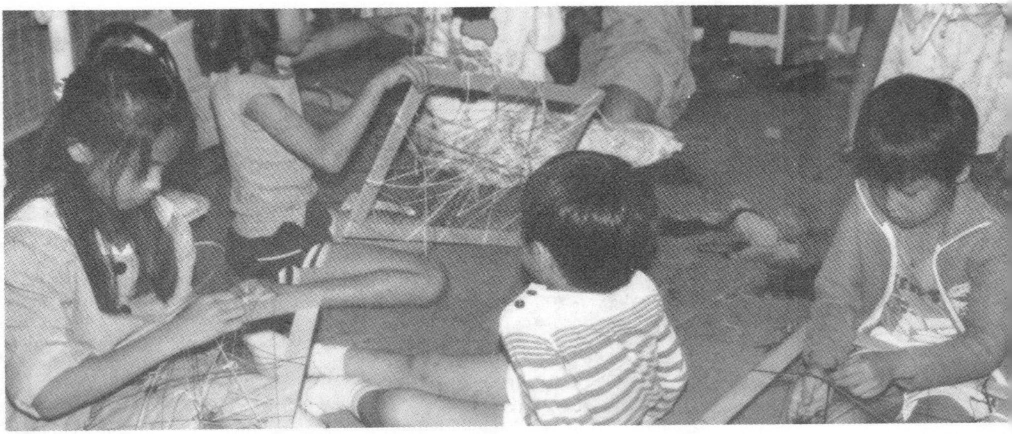

268.自由編織。

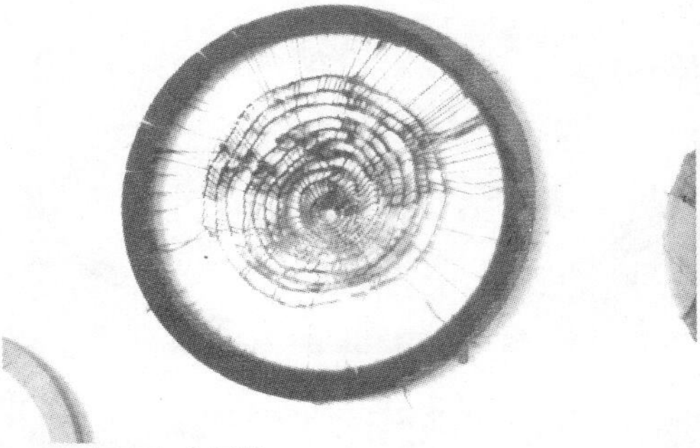

270.圓框的自由編織。

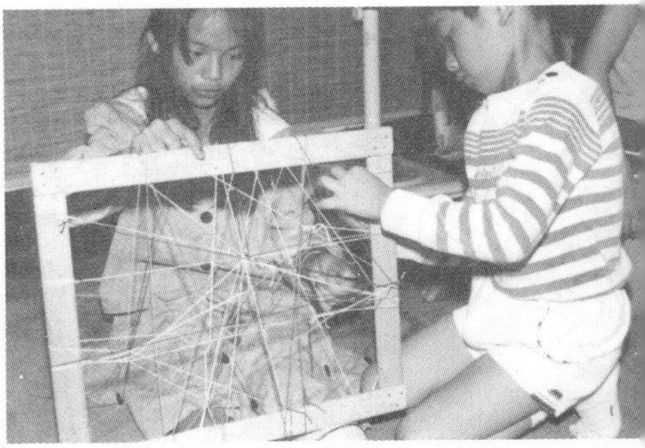

269.用毛線、麻線、尼龍流蘇線自由編織。

271.翻鼓是二人合玩的樂趣。

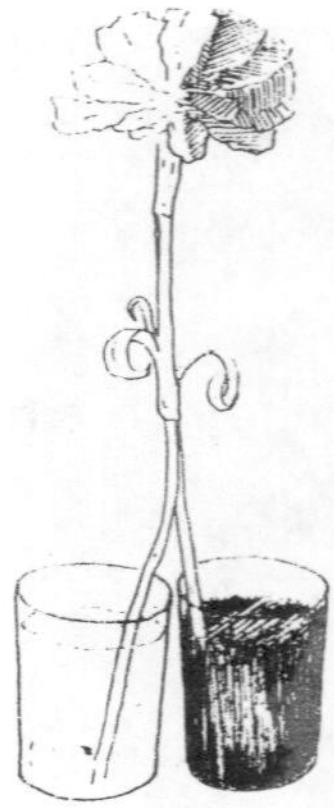

.變色花之研究(取材自德國出
Kinder Beschaaftigungen")

272.彩帶隨風而飄——白沙灣海邊。

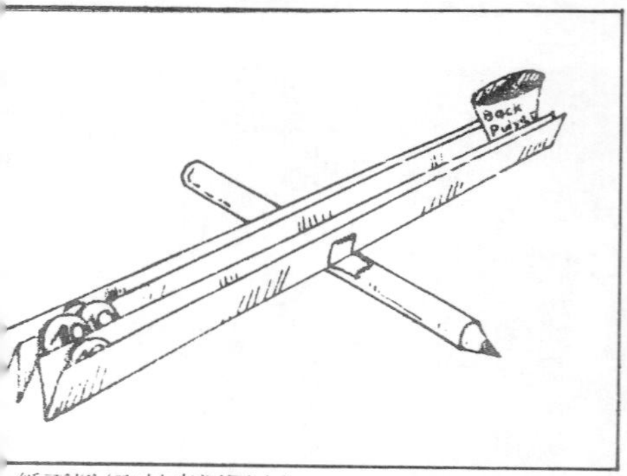

紙天坪(取材來源同上)。

273.用畫紙做紙花的花瓣先向裏摺，浮在水面就會開。

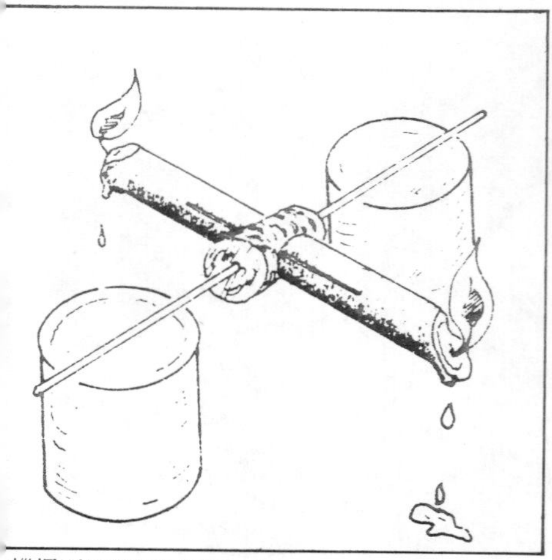

蠟燭天坪(取材來源同上)。

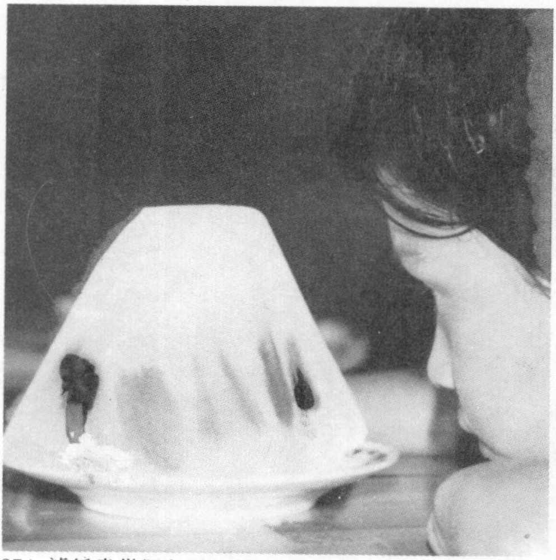

274.濾紙畫幾個色點倒轉在盛少水的小碟中，讓色點「賽跑」。

278.先帶大家用手掌或實物做做影子戲，對形狀的辨別敏感。

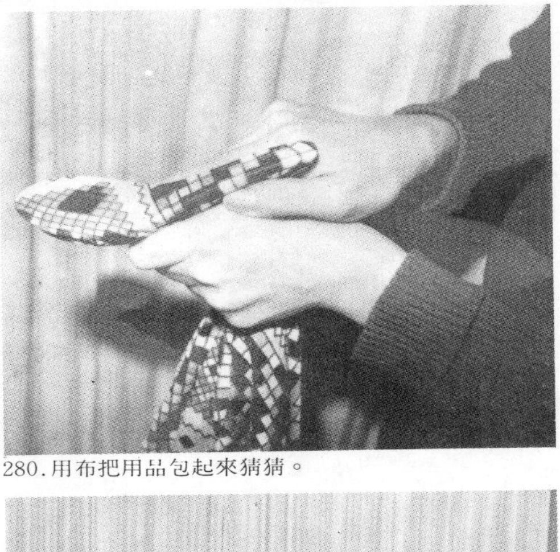

280.用布把用品包起來猜猜。

279.準備外形較清楚的日用品。

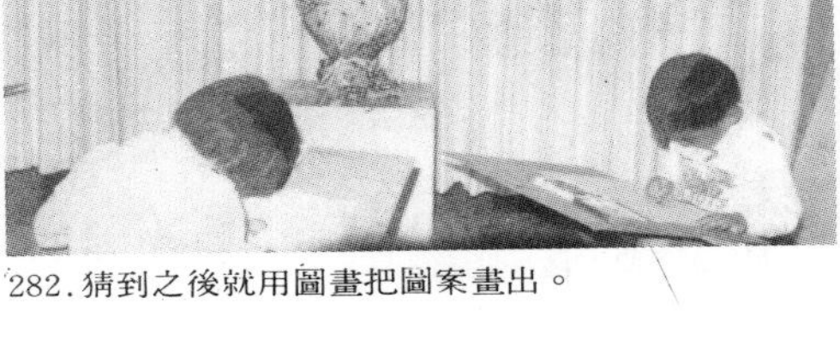

282.猜到之後就用圖畫把圖案畫出。

281.猜不出來時，可以用手捉摸，繼續猜下去。

6.佈置一張大餐桌。

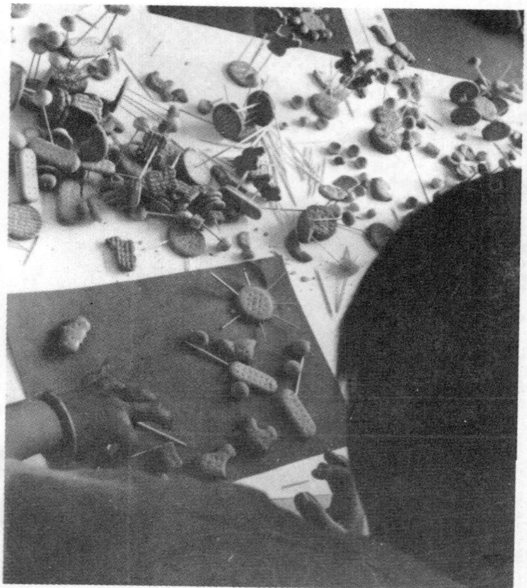

283.餅乾和牙籤可以貼平面畫，用蜂蜜、果醬當漿糊。

.可以在慶祝會做餅乾積木活動。

284.想不起來怎樣做可以吃一口餅乾。

餅乾及架構作品。

285.拼一個太陽一棵樹，編一個故事。

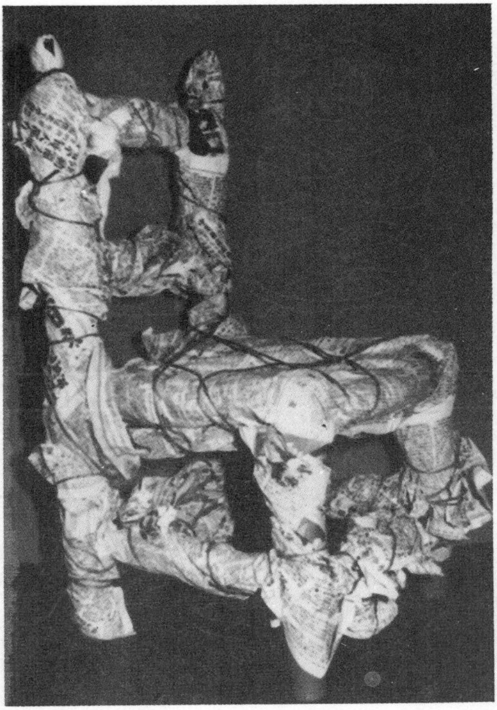

292.椅子成品。

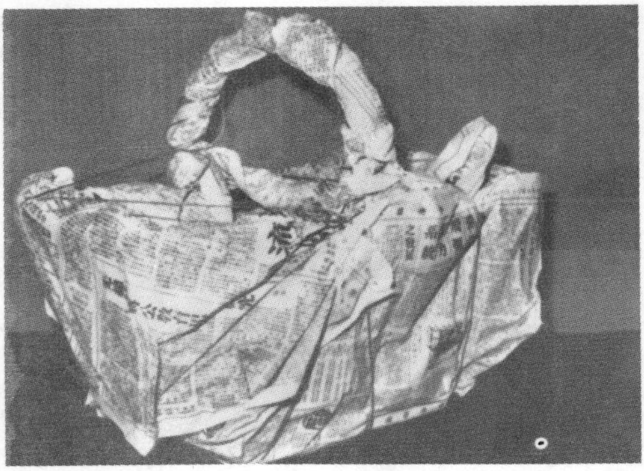

293.菜籃成品。

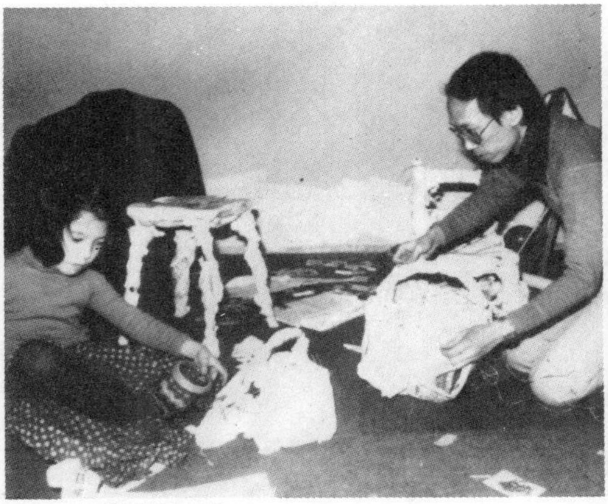

289.一同跟孩子工作。

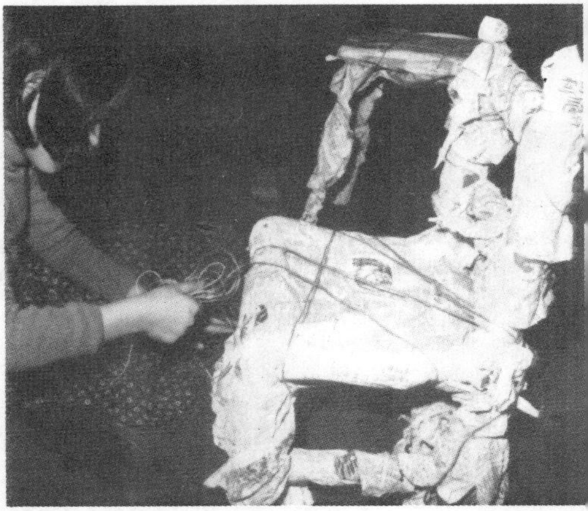

290.用膠帶或繩索包紮，可增強對用品形狀的知覺及成品成就感。

291.茶壺成品。

297.用大釘子、鐵絲、麻繩綑成動物骨架。

298.慢慢地敷上石膏。

299.大家的成品。

294.先合力各自「生產三角形」的呼管架構。

295.老師幫忙組成大架構。

296.小小工程師。

303.簡單的舞台。

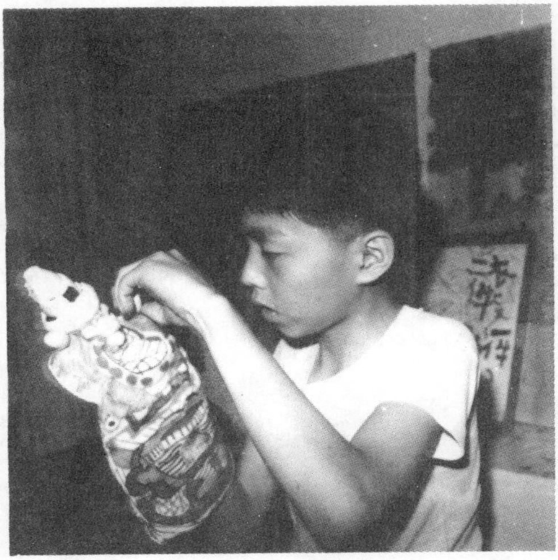

304.試試布袋衣服。

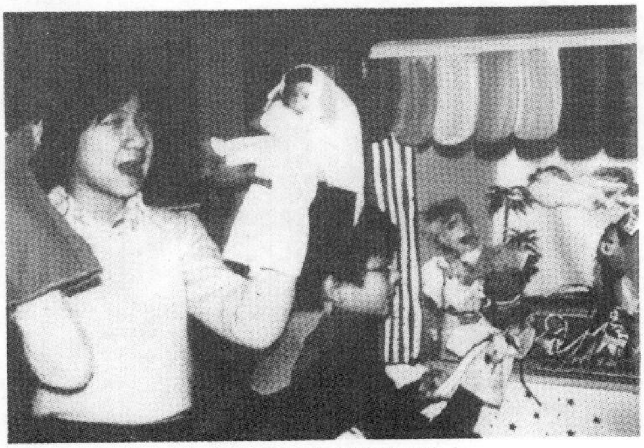

305.布袋戲是練習語言能力的好工具。

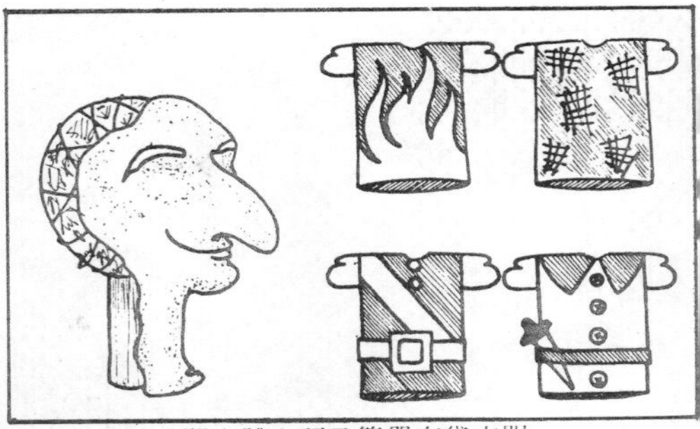

300.用紙黏土塑立體人頭及簡單布袋衣服。

301.製作頭部。

302.簡單的保麗龍人頭。

309.做一部吉普車。

306.先玩玩敲餅罐遊戲，認識廢物。

10.幼兒的作品佈置一個角落。

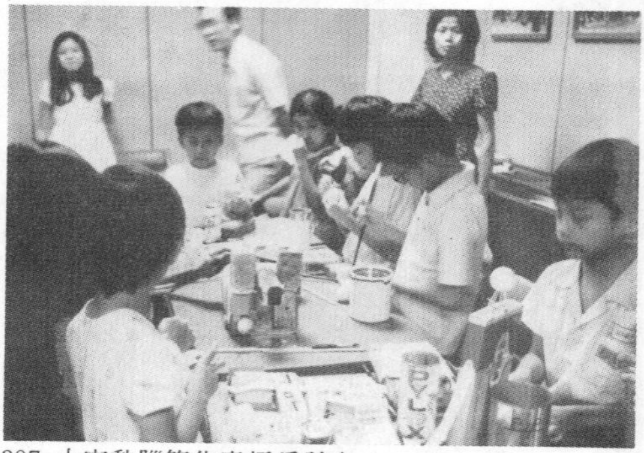

307.大家動腦筋化腐朽爲神奇。

1.用紙箱做架子收藏物品

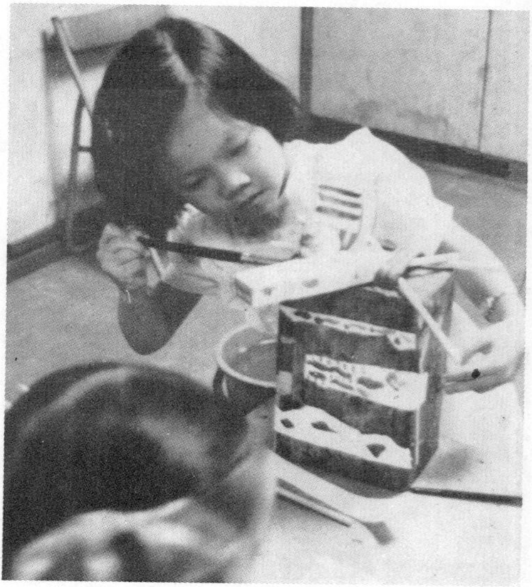

308.塗上廣告顏料就成全新的產品。

緒論

# 勞作教育的革新意義

# 緒論

## 勞作教育的革新意義

勞作教育的內容，一般來說，在幼稚園被認爲只是剪貼及摺紙；在小學階段被認爲是紙做手工，鋸三夾板。前進一點的老師則會教教石膏灌模及塑泥人。都市中的多數兒童在家裏除了看電視、做功課，也只不過是玩過量的「已完成」的玩具成品而已。我們的小幼苗眞可憐，在前十年的學習過程中，他們天賦的，有生產性的創造力竟被埋沒了。住在鄉間，住在小巷的兒童則較爲幸運，他們有很多機會做堆石頭，玩沙，搭樹棚，疊垃圾簍筐的活動，可以施展「建設」的潛力。一些較年長的兒童參加童子軍組織的孩子們，則可在有歡笑有紀律的活動中，學習很多「手腦並用」有樣本的結繩和工程的工藝。而孩子們如果有一個終日愛自製傢俱，修理電燈，修理腳踏車，補破鞋的爸爸，他們才幸運，因爲他們可以耳濡目染，臨場見習，甚至從旁協助，養成愛研究，愛自己動手製作些什麼的習慣。他們未來的人生，就算不做工程師，發明家，也會相當美滿充實的。（圖①—⑤）

在舊社會裏，有很多屬於工藝的行業，往往也是家庭式的經營，父傳子繼；家庭中有很多用品、食品都是自製的，使得生活和工作很有樂趣。今日都市的工商社會裏，工廠裏的工人，用手不用腦；坐辦公室的就業者則用腦不用手。大部份的工作都十分枯燥，要求生活平衡的人則需要選擇一些業餘嗜好，如登山、運動、玩牌、繪畫、看小說、飲酒、跳舞、賭博……林林總總。良好的嗜好可以勉强平衡爲了溫飽而工作的日常生活，不良好的嗜好終會導入歧途，誤人誤己。都市裏有極大多數的人，工作之餘無所事事，只會看電視連續劇。大人看，小孩也看，一家人都在過被動式的生活，家裏的用品食物都是買來的。這些東西不要說試着動手自己做，甚至連修理都談不上。就業者一旦遭逢失業，也難適應別的技藝或勞力的工作而及時轉業。當然，電視機已普遍打入鄉間，鄉間的人也漸漸在過被動的生活。電視節目誘人迷人，社會產業型態促成不平衡的生活也是事實。但是人的意志是自由的，人的人格發展是可塑的，一個有創造性，有生產性，能促使個人及社會均衡發展的積極自我人格是可教育的。

積極自我人格是有獨特創造力，自立，信任，有所作爲的人格。這種教育與積極創造的「生產」有關，其「產品」是立體可觸摸的，甚至有模倣性的實用價值的。幼兒在成長階段中，藉觸覺活動去認識周圍的世界比其他感覺用得多且早。兒童所做的立體造形產品，着重於富有想像力的造形，而忽略實用價值，故兒童勞作的範圍，實際上是立體造形與觸覺活動的範圍。這些教學活動的範圍爲「積極自我人格」、「雙手萬能」及「創造文明」的遠程目標奠下了基石。

成功的教育要從嬰兒階段開始，他們在這個成長的階段的活動有甚多與觸覺有關。而且四歲以前的成長期是一生中學習能力最强的。幼兒未入幼稚園之前的教育責任，應由家長負擔，所以幼兒的立體造形與觸覺教育大部份和生活有關。而且必須在一種完全權威壓力的環境中施行，使幼兒的自我肯定延伸至成人的積極人格。

既然了解兒童立體造形教育的教育範圍，我們應嘗試對兒童的勞作教育做幾個新的改變：

**第一個改變是**：視爲積極自我人格的教育；

**第二個改變是**：作爲人與周圍物質建立關係的教育；

**第三個改變是**：嬰兒及幼兒的觸覺教育；

**第四個改變是**：有創造性的指導；

**第五個改變是**：有遊戲性的啓發。

## 一、立體造形是什麼？

造形藝術可概括爲平面和立體兩類，前者是一種視覺語言的表現，後者是觸覺語言表現於三度空間的構成中。立體造形的狹義作品是彫塑藝術，廣義的則包括建築、工藝、及一切可觸摸的、立體的產品。當然，立體產品的表面紋理、圖畫、色彩及陰影，也包含了視覺語言的平面造形；而平面造形也可表現抽象的視覺立體空間。二者的關係非常密切。立體造形即是視覺和觸覺的配合，平面（物體表面）在空間中產生關係的綜合表現。

立體造形對嬰兒來說，是不疲不倦的觸覺研究活動；對幼兒來說是周圍物象視覺經驗的模倣活動，對兒童來說是一種有計畫，積極的生產活動。這些活動都是源自與生俱來的創造潛力，是每個兒童都擁有的衝動。創造力是衝動也是慾望，這種慾望和衝動必需予以滿足、開導和啓發以促進智力的健全發展。

立體造形的表現按形式可分爲浮彫和三度空間構成，按工作的方式可約略分爲塑造和構造。一般來說用積木做堆砌式的構造較適合幼兒工作，因爲堆砌並不一定需要複雜的技術和計畫，把積木垂直堆砌並不一定需要複雜的技術和計畫，把積木垂直堆砌得高高的，然後又把它們「嘩啦」一聲推倒在地，是幼兒最喜歡的玩意兒。堆砌構成的立體造形是幼兒主動創作活動的開始，在這之前的觸覺研究活動全都是被動的。有些幼兒很早便懂得塗鴉，有些在塗鴉之前便喜歡堆積木，每個兒童發展先後固然與環境有關，但總有個別不同的地方，並不能過早斷定兒童興趣的偏向。

## 二、積極自我由何時開始建立？

嬰兒出生後有兩件痛苦的事要經歷，第一件是做第一個呼吸，臍帶的切斷及肺部的突然活動，實在是無比痛楚的，難怪要呱呱墜地。第二件是和生存空間對質的恐懼，子宮裏的黑暗和外面世界的光亮，是十分强烈的對比；母體內的狹窄空間和溫暖是最安全和怡，經過產道的擠逼，終於掉入無邊際着落的世界，再加上初浴的寒冷，被包裹在襁褓中與母體的分離，放入嬰兒室聽衆初生者的哭聲，眞眞是可憐。有很多初生嬰兒要等到被痲醉的母親醒來，擁抱於懷，才停止哭聲。近十年前進的婦產科及心理醫生，認爲嬰兒這樣的第一個分離母體的恐懼，已經是一個相當嚴重的精神傷害。因此，前進的婦產科醫院又重新復古，嬰兒出生斷臍吸痰後，就馬上濕淋淋地送到母親赤裸的懷中，使嬰兒藉肌膚的觸覺及溫暖，超越出生的恐懼經歷。嬰兒洗浴乾淨後，經初步的檢驗，認爲無健康殘缺，便馬上放回母親懷中吸吮愛的奶汁。

嬰兒對外界存在空間的感覺媒介是觸覺。他的眼睛雖然已張開，但要等數週後才能產生影像。因此他只能憑觸覺肯定自己的安全。由於他大腦的動作主導神經系統尚未健全，他不能透過自己的手觸摸。全身的皮膚及吸吮的嘴巴是他唯一的本能觸覺反應器官。撫摸及哺乳就是最好的安全慰藉；是最原始的愛的表現。

所以，哺乳及撫慰滿足嬰兒的觸覺要求，可以說是促進嬰兒觸覺敏銳的第一個活動，奠定了與環境認同，熱愛生命的積極人格基礎。

如果遊戲的定義是一種能滿足自我意識的經驗活動的話，嬰兒的第一個遊戲是觸覺遊戲。他的第一個玩具是母親的乳房，第二個玩具是橡皮奶嘴，第三個玩具是自己的手指。(圖⑥—⑩)

嬰兒的視覺在出生三週後便可辨明暗，至少可以分辨窗戶的方向，兩月後便可捉摸到母親面部的輪廓。這時才開始用視覺去感覺空間距離。不過，對物體完全產生立體的感覺，要等到第六個月才完成。在這之前的物體影像感覺只是平面的形或色，所以在六個月以前的成長階段，嬰兒對外界的準確感覺主要仍是觸覺。

六週大的嬰兒開始懂得玩自己的手指頭，先是凝視會動的指頭，然後嘗試把手放到嘴裏吸吮。這時他當然還不知道這是自己的指頭，不過，除了母親的乳房，這些會動的指頭就是他睡飽吃飽後最易接觸到的東西。習慣腹臥的嬰兒在第三個月便開始試圖舉頭引頸，動手動腳，伸手去抓摸周圍的物件。第四個月便有把握用手指緊揑物件。這時，可開始用有鮮明色彩的玩具去引誘他學爬動了。可是，無論如何，有絕對把握選擇距離較遠的玩具而一舉得手的能力，還得等到第九到第十一個月大。一歲左右的嬰兒已經可以辨別方位，不過那不是整體的關係，而是靠某些熟悉的物件來認路。娃娃眞的會自己走路了，恐怕家中的傢俱佈置便得有些改變。因爲小傢伙比探險家更厲害，更不怕險，屋裏的每一個角落，每一樣物件，對他都是一個新世界，都是值得研究，他最喜歡去書架，報紙架，廚房，厠所……越禁止的地方，越喜歡去，樣樣東西都要摸一摸，放入嘴巴嗜一嗜，幾乎沒有一樣小東西能夠逃過他的眼睛及手指，漸漸他更學會了用食指姆指兩個小指頭去檢最小的東西。小傢伙更是善於破壞東西——姐姐砌好的積木，一推而散；報紙、書本的撕毁更是他最大的樂趣。對他來說一切都是新奇的，一切都好玩。從未見過的東西是最好的玩具，而眞正的玩具卻很快便玩厭。所有的物件都是尋找聲、色、味、質感的新價值對象。書本是用來撕的、鍋蓋是用來敲的、水是用來拍用來潑的、鉛筆是用來戳洞的、鞋子是用來嗅的。小傢伙從不疲倦，到處走，到處摸，他的創造慾和研究慾永不止息。這眞是一個決定性的成長階段——小寶寶是否能繼續保持及發展其創造潛力，在乎父母要他「乖」還是讓他暫時「頑皮」！照兒童的自然發展過程來看，沒有一個幼兒不「頑皮」的，如果父母用打罵來把一、二歲的幼兒教育乖乖就範，也就很容易註定他一生呆呆板板、唯命是從的奴婢人格，當然更談不上有創造的智慧，獨立的思想了。

總而言之，「頑皮」是與生俱來的。他包含著兩個精神——不疲不倦的積極精神和隨時隨地創造新主意的研究精神。有些小孩越打越「皮」，仍然不疲不倦的積極創造新主意，當然這些新主意中可能也有不少是破壞性的壞主意，然而有些小孩被打得屈服，成了又乖又不積極的人格，在未來的人生中也會遇到很多困難。

如何把「頑皮」啓發成爲積極人格，就要看我們怎樣教育了。這是一個很大的課題。立體造形的教育對這個課題提供了一個相當重要的份量。

## 三、幼兒立體造形的工作心理

### 原始的觸覺反應

觸覺對幼兒來說，是認識外界比較可靠的媒介。觸覺反應是原始的，是幼兒不待學習就有的本能。他要求得到的是安全、信任、和實在的保障。他需要的觸覺反應是像在母體內一般的溫暖，他熟悉了母親的體味，他被擁抱得越緊越有安全感，他要的撫慰是非常溫柔安怡的。尤其在他從睡夢中驚醒或跌倒的突然恐慌中，緊緊的摟抱及輕柔的撫摸是最安全的保障。幼兒拿住了一些東西，往往很不容易脫手授於別人，他總是抓得緊緊的，因爲唯有如此，他才有實在的感覺，才有原始的依靠。

## 佔有慾和領域感

幼兒不僅常把拿到手的東西抓得緊緊，甚至還要佔爲己有。他很早已懂得把自己的床，自己的娃娃車或學行車，劃爲自己的領域；有些玩具雖然不玩，也要放在他的車中，不讓別人拿去。有些幼兒會有奇怪的習慣，睡覺時咬橡皮奶嘴最爲常見，睡時或生病時要認定不能替代的母親、玩偶或特定的枕頭和毛巾。有些幼兒並不怕陌生人，他可以和陌生人笑、玩、被擁抱，就是不肯給人親一親。因爲他要佔有母親，所以幼兒比兄姐更容易吃醋。有些自我意識特別强烈的幼兒，把領域界線劃得十分清楚，譬如他坐的椅子不容有別的物件存在，認定自己常坐的固定位置等。

## 搜索及研究新鮮事物的精神

幼兒的研究精神是人類智慧的開始，也是一生中精力最盛的階段。一切從未見過的東西，無論是玩具、用品或破舊物，只要拿得到手，幼兒一定用盡各種方法去探測。他總是先摸來摸去，由正面翻到底部看一看，搖一搖聽聽有無聲音，咬一咬是軟是硬，舔一舔有沒有味道，再扔到地上看看會變成什麼樣子。包裝物的摺口很快的被拆開，可以撕裂的便用力撕出裂帛的聲音，如果有所發現（如可以發出聲響，或可以打破）必高興地口中一面發出怪聲，一面重複動作。到最後，如果發現有「價值」的，便丟入自己的娃娃車收歸已有，無價值玩下去的扔到一旁。很多玩具都太單調了，不容易玩得持久，不如書本、藥盒、媽媽的化粧品，厨房的炊具，件件新鮮，樣樣不同。幼兒的探索精神是成人難及的。在商店裏除非我們決定買一件東西，否則就算看到十分喜歡的物件，也不會從頭翻到底地仔細端詳。有些幼兒已養成被允許到處搜索研究的習慣，就算有些東西很難要到手，也會很有耐心想辦法去取得。家裏有這樣「頑皮」、什麼都摸的「小鬼」是應該慶幸的。（圖⑪—⑬）

## 破壞就是工作

幼兒最愛搗蛋，愛破壞別人的「工程」。年長的兄姐正在桌上排拼圖或堆積木，一不小心，小霸王一到，兩手一掃，「嘩啦嘩啦」的被拆了檔。就算是他自己辛苦堆好的積木吧，這分鐘才堆得好好，下一秒鐘便被他口中唸唸有詞，手舞足蹈地破壞得淋漓盡至。對幼兒來說，破壞就是工作，因爲他的能力有限，但爲了要表現他的參與及積極行動，便來此一招，而且立刻見效，形聲俱備。至於自已辛苦做好的「工程」也加以破壞，這是急於重新再玩一次或做另一個花樣的心理，或是結束這一個遊戲的舉動。不過，如果年長的兒童也常來這一招，則在表示他在保衞自己的過弱的能力，成人應多輔導陪伴及以讚美代替批評，增加他的自信心。

## 整體表現，忽略細部

兒童的立體造形正如繪畫表現，心象的記憶是直覺的，整體扼要的，會忽略或忘記很多細節。譬如用泥土來揑一隻動物，一定會有頭尾身體及四腳。至於像不像，有沒有耳朵，並不關心。年長的兒童則會慢慢學習細微觀察，收集對象的細節資料使之再現出來。

## 立體造形比繪畫較易把握比例

立體造形的塑造形式是非常實在的。可觸摸，可前後觀看比較，又由於有力學上的因素，一旦身體做得太大，自然就會把脚部做粗，以支撑身體。所以物象的比例可以在揣摩中較易把握。這也是手腦互相配合的結果。

## 愛以想像造形，變換原來物品的用處及「角色」

幼兒很早便有以想像來表現的能力，快滿一歲的小寶便會拿起香蕉或短木條來做打電話的姿勢，拿飯碗來當帽戴。隨著長大的日子，模倣的能力越强，這個時候的模倣是要靠想像力。這種想像造形的選擇，來自對造形的敏感及豐富的生活經驗，接觸的事物越多，愈能把握造形的特性。有些三、四歲的小孩故事聽多了，會隨時隨地拿起匙、筷、黃瓜、積木的條狀物品來想像人物、樹木的造形，自言自語地做對話故事遊戲。當然，自己身體是最具變化的造形，一下變小豬，一下變小鳥，一下變飛機，是動的，有戲劇性的造形角色。（圖⑭—⑮）

### 愛參與成人工作，積極「生產」

如果被允許參與成人的工作，是兒童最大的榮譽，他會感到驕傲和被信任。兒童就是有這樣的積極生產慾，我們必需要予以肯定及認可。參與成人的工作，他們往往要求眞的工作，用正式的工具，鋸正式的木板，上緊緊的螺絲。這時候成人的耐性可要受到考驗了。（圖⑯）

## 四、兒童立體造形的教育功能

1. 滿足幼兒觸覺的慾望，使身心安怡，是觸覺敏銳化的功能，也是正常的性教育基礎。
2. 透過對周圍物件的揣摩，促使環境的認同，對自我的存在產生自信、安全感。

3. 促進兒童搜索研究的精神，隨時隨地發現新價值，創造新主意，善用文明物質。
4. 學習計畫和構造，爲未來的職業學藝，奠定靈敏的基礎。
5. 滿足想像的慾望，使想像的對象在立體造形活動中具體化。
6. 在家庭生活的工藝修護中養成羣體合作的習慣。
7. 保持兒童與生俱來積極活動的精力，薰陶成熟的積極人格。
8. 建立人對物質文明的正確關係。
9. 養成積極「創造文化」的生活習慣，避免只過「消費文化」的生活。
10. 建立「雙手萬能」的信念。

# 提要

## 第1篇 積極自我的培育

本篇針對由零歲開始的童兒立體造形教育，撰述幼兒出生以後對周圍事物及其生活世界的活動心理。自我肯定、好奇、研究慾、成就感………是建立積極自我的人格教育基礎。培育幼兒的積極自我，進而把握與「雙手萬能」相關的觸覺教育和具體而充實的「生活遊戲」。

# 第一章 自我與生活世界

# 第一章

# 自我與生活世界

## 一、自我與生活世界

探討「自我」是什麼，在近代一直是心理學和哲學的主題，有很多深奧的論說。哲學方面笛卡兒在啓蒙時代用理性的方式去「我思故我在」；而近代懷特海（Whitehead）、胡塞爾（Husserl）與海德格（Heidegger）等的「現象學」(Phemenology）則用身體力行的方式去開顯「自我」；至於佛洛依德（Freud）的潛意識心理學（Tiefenpschologie）則用心理分析來了解「自我」的潛在欲望和生活動力。笛卡兒用理知思想來解釋世界，爲自己的存在意義來對待自然，是西方科技發展的主流。而存有哲學不排斥科技但是要求人走進世界，把自己和周圍世界一同去理解，使「生活世界」能產生動力，生命才有整全的意義，這是人文哲學發展的當代主流。心理分析也是人文科學的新主流，其思想是要把握現在發生的情緒和心理活動，找尋看不見的潛在意識，一直追索到童年時代的境遇。人文科學的發展，針對工業化以後的科技社會，提出人類的處境和生活意義的反省，這是當代社會結合現代的哲學、語言學、符號學和心理學等的一個重要貢獻。

試想想，我們生活的世界，每天的處境以及未來的處境是如何的？我們的家庭、我們的學校、我們的鄰里、我們的工作、休閒活動場所天天的境遇是如何？面對着一個家、一個親人、一個朋友或一個都市環境，所有的境遇都會影響我們的情緒。

胡塞爾認爲我們每個人都有不同時地的「意願」（Intention），這些意願的滿足與否，都會影響我們的情緒。又因爲我們有意願，我們才有動力（action）去守候等待填滿的願望。這種動力是要透過我們身體的感覺、動作去經驗我們生活的周圍世界。唯有如此，我們才會實實在在地感知自己的存在。所以，我們的身體就成爲認識自我和世界關係的最重要媒體之一。思想和理知對世界只能做有距離的認識，甚至對立。海德格也認爲我們不要只管把世界放在那裏去看，去認識是什麼一回事，我們還要實實在在地與其共存（Mitbefinden），實實在在地去掌握（Zuhanden）去共同了解（Mitverstehen）。海德格用人文整全的角度去了解世界、去生活，不但要有整體性的共存，還要有個人意識的存在。個人深切的經歷、清明透徹的開顯才是隨時隨地自我獲得的「存有」（Da-sein）。（圖⑰）

由以上簡述的哲學觀念，我們不由得不對我們生命的意義建構一種價值觀。在忙碌生活當中如何實現自我，在人際關係中與人共存，在社會和世界發展的運行中掌握整體的意義。社會、道德、歷史、生態的意義都與每一個體的生命產生關連和互動。

嬰兒剛出生時雖然還沒有意識到意願是什麼，但其饑寒的生理現象是一種本能的欲望，因這欲望的存在，才成了生命的動力。當嬰兒還不能有意識地指揮自己的手腳、身體來表達欲望之前，哭叫——大力「呼吸」是一種求生存的表達方式，斷臍帶一刹那間大力呼吸的哭叫，就是生活動力的第一個訊號。

「生活世界」是一個包含自然環境、人造環境、自我、他人、環境中的物質、社會結構以及人類想像、期望的世界。人在自然中存在，但人不只是自然的一部分而已；正如人感知自己的身體，但不只是擁有身體而已；人尚擁有因欲望而建構的意義世界（a meaningful world），這個意義世界乃靠人類身體的感覺、動作、思想、語言、文字、及所有透過藝術形式呈現豐富的意義。「生活世界」是一個對個人和社羣有整合意義的整體（Unity），生活的動力愈多，意義愈

豐富，個人的自我就愈淸明開顯，生命價值的饗宴也就愈豐盛。（圖⑱—⑲）

幼兒面對周遭的生活世界，除了對自己的身體尚能有效地感知滿意與否之外，他缺乏自主改變現狀的能力。但幼兒有夢想、有願望、有期許。他的意願常常使成人不可思議，同時也缺乏自制能力。所以他唯有透過哭叫來期待他生活世界的意義。動物不太會哭，也是因爲牠們本身就缺乏强烈的願望和意義期待的潛在本能，也就無所謂追求「生活世界」的意義。

## 二、自我的潛能

行爲科學家和心理學家認爲人類的個體生命，有四種與生俱來的潛在能力：第一是對自己身體體能的潛力和極限的掌握，第二是感覺的經驗，第三是思想的能力，第四是意志貫澈的能力。

1. **身體潛能**：我們的身體是存在的實質「證據」，我們的身體不斷在做新陳代謝的動力循環，我們能確切感知自己體能的潛在力量和極限在那裏。當嬰兒或幼兒未能長久站立行走之前，要求母親的擁抱，有一份强烈的實在感，一直到我們長大成年，還是有被擁抱的願望，就是身體的那份實在感。我們擁抱，我們存在。身體是生存意識和參與、生活世界的直接感知媒介。身體的生命延續動力是一種本能的動力，我們要教育兒童對生命的價值尊重、保護身體，以免受傷害。

任何人的生命都不可由別人替代，每個生命的個體是獨特的。自己尊重自己的生命及身體，猶如尊重別的生命和身體一樣，能懂得自愛的人，必定也愛別人。

我們的身體，包括衛生和健康的保養，對危險的防禦，和一份珍惜自己身體自由、歌頌身體構造和生命奧秘的虔誠。兒童們好動、愛蹦跳就是肌肉發育的潛在動力，並且不斷嘗試測出身體伸張的極限。常愛運動的人，感到自己身體有一股積極生活的動力，有充實的活力。因此，我們必須從小使兒童養成常運動的習慣，他的個性必能開放、積極。孩子們都愛對鏡自我裝扮，自我陶醉一番，是肯定自我身體的增强欲望。人類用他的身體、四肢五官不斷去發現周圍的世界，用他的雙手創造了人類的文明，就是靠身體積極的參與動力。（圖⑳）

2. **感覺潛能**：感覺和知覺具備一種身體神經適應和傳遞意象訊息的能力，顯示肉體緊張或鬆弛的現象；也包括感情——人類獨有的本能流露、擁有和分享愛及親和力。感覺會刺激情緒和證明存在的境遇。我們希望能教育孩子保有其感覺的敏感程度、使五官和身體的感覺敏銳不僅有個體意象的感知，還有社羣溝通的「共感」。

兒童要學會自然流露感情，表現處身設地的感覺、進而培養關心周圍的興趣。嬰兒對飽暖有强烈的感覺，對成人的關切有感情的依賴。由於人類的感覺潛力有超乎官能的敏銳，使人類透過感情的互相依賴和信任，形成人類異於獸類，擁有獨特的親和力，才能建構人類的家庭和社會。

人類智慧進化，使人類的生活世界成爲有情天地，物我合一，感悟到世界的整個共同命運，更感到人類生存的意義能「與造物同運作」、「與天地共始終」（石濤語）。我們能感悟宇宙羣體的命運、感悟自我的命運；也就能感悟他人個體的命運。所以，感悟的能力就是愛的能力，是人類共存至天長地久的動力。（圖㉑）

現代民主社會講求個體的尊重及團體的互動，是人類進化史在廿世紀中科技成就以外的另一個轉捩點。因此，人類的幼兒教育要揚棄鞭子，揚棄使兒童感覺潛力埋沒、壓抑的各種懲罰。在現代生活裏，我們同時尚要選擇影響兒童感覺偏差的資訊，對不良的兒童電視節目或其他大衆傳播媒介、書刊均要過濾。不要讓兒童過早學習成人的扭曲世界而做成價值錯亂。

我們寧可使兒童未來敏感（但能自制）而不要令他們的感覺僵化痲木！

**3. 思維潛力**：「人爲萬物之靈」，這一個「靈」就是智慧，就是腦力的特有天賦的發展，就是思維的能力。思想是一種尋找物我關係，追尋價值，肯定觀念的一種腦力和心靈活動。是生存意識增强的動力，對萬物運作意義的詮釋。

人類發展了有嚴謹結構的語言工具，就是思想和溝通的工具，這是解決複雜問題最明確的傳達工具。人類靠思想和語言的溝通，才能交換「共感」，進而建構一個須要共同經營的「生活世界」。思想之前必定有所感，然後去追索答案。答案愈多，「生機」愈顯，就愈能感知存在的眞實，意義的飽滿。思想因語言而活躍，幼兒開始學話後，很快便學會問這個問那個，要知道「是什麼？」、「爲什麼？」要刺激兒童的思想動力，最好不立刻給予答案，培育其獨立思考的能力，對簡單問題盡量自求追索答案，就愈能養成積極思想的習慣。（圖㉒）

因此，兒童必須先有敏銳的感覺，引起身體的動力，動手去探索，動腦去求答案。對周圍的「生活世界」不斷去理解，不斷去詮釋，對其生存的意識才有「安居」的肯定。

思想和心理活動是探尋眞理和意義的工具。人類慢慢成熟、進化，不但要掌握「自我」的意義，還要掌握社羣的意義、歷史的意義和宇宙終極的意義。這就是人類文化生活中實現於種種思維活動的形式：如哲學、科學、文學、藝術、遊戲……等等，用文字和非文字的方式呈現對生命表達更豐富意義的追尋和肯定。思維是內心構成形象的活動，能散發掌握不在眼前事物的力量。（圖㉓）

**4. 意志的潛力**：人類和動物都有本能的心理活動，心理活動和親臨的境遇或假想的境遇都有直接的關聯，其結果是影響情緒和行爲的表現。欲望和意願是心理活動的主題；情緒和行爲的表現則是感覺和身體的動力運作結果。動力是生命力的泉源，可以細水長流，亦可成巨洪爆發；活泉可變死水，亦可變甘泉。是故，動力的價値在乎心理活動的調適，能止能動；能臨崖勒馬，能貫徹始終。身體、感覺、思維的適止調節就在乎經得起考驗和歷練的意志力。

意志力是潛在的理性，其前題是要先對行爲的目的有一個信念，然後堅持地去控制、去貫澈自己的情緒和行爲。一個信念就是一種決斷。信念的產生必定有所感悟，經過思維的判決，然後有信心地自許自己的能力，對自己行爲表現的結果負責。個人的人格如果能自主、自動、自許、自決和自負責任，就能獲得積極的統一人格，這樣的人格才是獲得了最大的自由，一種有自律意志的自由。

爲什麼要有信念？因爲對普遍的眞理和終極價值有所掌握，有所信賴。否則個人的意志力的貫澈也會訴諸於惡作和破壞。所以意志力是積極向善的表現而非積極向惡的表現。

幼兒因爲未能建立理知的信念，所以最難控制自己的意志和情緒。其意志的貫澈常常是負的增强。可是，倘若幼兒的意志力因負增强的現象而被成人壓抑下來，那麼以後長大都成爲沒有意志力，不貫澈信念，不發表意見的乖寶寶。對生命的意義無所企求，遇到困難會不戰而敗。

我們應用理解的方式去接受兒童意志力的伸張，轉移不合其意願的情境，減弱其無理取鬧的負增强，不使其養成失去自控情緒的習慣。兒童適度的意志堅持，是自我肯定的動力。我們成人應放棄與其比較自控能力的「鬪爭」習慣，一個家吵得成天鷄犬不寧。因此，要求兒童的情緒自制，成人不如先與自己爭鬪，學習控制自己，把情緒轉化爲幽默，才能用遊戲的方式轉移孩子不合意願的情境。如此，一場鬧劇就會變爲喜劇！（請參看筆者著作本系列叢書：「兒童戲劇與行為表現」的轉移情境辦法）（圖㉔）

## 三、創造生活和消費生活

身體、感覺、思維、意志四大創造潛能，儲備了積極自我肯定和邁入積極的「生活世界」的財富。我們的身體參與使我們「關心」，我們的感覺使我們有「愛心」，我們的思維使我們「用心」，我們的意志使我們有「信心」。兒童從小養成愛動手、愛參與、愛研究、愛探索、愛集中注意力專注遊戲、工作、運動、學習，樣樣都興趣勃然。在未來進入成人社會行列中，也必能積極地工作，積極地生活，積極地革新，在每個行業的崗位上，都能適得其所地發揮，成爲社會前進的動力。培育兒童自我的創造潛能，是健全社會的基礎，也是個人生命自我實現，邁向成熟的保證。

人類創造文明的第一步，據說是由人類開始進化成爲「直立人」後，用手握銳利的石片，割開在路上看到尚未腐爛的獸屍的那一刻開始。這一個延展四肢潛能極限而製造工具的動作，便展開了人類進化史上創造文明的第一頁。「雙手萬能」是人類創造文明的信念。

而我們今天的生活又怎樣呢？本世紀六十以後年代的哲學家呼籲人類從科技取向、破壞生態的沉醉中驚醒，重整自然與科技的依存關係。今日科技已經改善了很多人類的生活，嚴密而自動化的制度及細部的分工，使人類墜入自動化的機器，失卻自我的創造動力。社會上太多的個體做着制度化的工作，在休閒時間過着被動的「消費生活」。尤其是電視機的這個「白痴盒子」，令多少文明的人類，荒廢時間把自己投入一個完全被動、虛擬的情境、長時間的被動欣賞。使人無法像閱讀一樣有餘地去積極思想，喪失積極生活的意志，痲木眞實的澈悟共感能力。雖然電視提供節目良莠不齊，但能自主的人應愼自擇食。我們今天大部分的人只知享用別人創造的文明，享用別人創造的休閒文化，而很少由自己投入，親自動手去參與創造。休閒的生活成了消極的消費生活，工作的生活也成了因循度日的生活，國家與社會的前進動力就很容易衰退，個人的生命意義幾成空虛。

培育下一代主人翁的計畫，除了健康、知識、習俗、思考，尙應包括各種透過藝術的敎育計畫。兒童必須從小減少被動的電視時間，多做身體力行，動手去「生產」，去探索周圍世界，養成過創造性積極生活的習慣，肯定自我與周圍的價值，與世界建構一個整全成熟的關係。

我們的世界有一個規律存在，整體生態必須在一個平衡和諧的狀態存在運作；我們的生活須要不斷的由自我出發去經營，經營一個與自然、與文明、與他人平衡的周圍，我們的生命就能完成自我、開顯自我，與大自然生生不息的運作。

## 四、自主與協調

依照兒童個別的個性，給予其最高的自由，在多樣的環境中自己發現，自己找尋答案，以促進其人格的自主性（autonomy）。由制裁到鼓勵；由自制到自主，使兒童獲得成就。有信心解決問題，誠實表達疑問，好奇發掘新鮮，而且嘗試去組織事物的關係和價值。這是積極主動的基礎

然而，有了主見，增强自我肯定，更要進一步和社羣共感共存。因而兒童尚要繼續成熟進步到能學習脫離自我中心（decenter），和社羣協調不同觀點。這才是眞正成熟的自由，尊重別人而不畏縮，積極而不被動。

根據皮亞傑（Piaget）心理學的「建構理論」（constructivism），這是一種內在化的學習過程，而非外在化，經向壓迫、制約、講求「標準答案」的學習過程。兒童才能自己建構知識而繼續推理、演進和修正，這是眞正有效的學習。

國內幼稚園漸漸已有少數採用皮亞傑理論的「發現教學法」，以角落式的佈置，每個角落有不同特性，讓數個兒童一組在角落中互相協調，各表主見去發現、去遊戲、去操作教具或佈置情景，是合乎眞正啓發性教學的原則。而我國小學階段講求「一個命令一個動作」，以分數和等級來競爭成就的填鴨式教育，將把啓發式幼稚園的二年苦心埋沒殆盡，更妄談積極人格的培育了。

# 第二章
# 積極生活培育與指導原則

# 第二章
# 積極生活培育與指導原則

## 一、家長和老師的進修及心理準備

基本上，兒童立體造形作品的製作並沒有特別技能訓練的要求，對指導者來說，比繪畫教育的指導是容易多了。不過，立體造形既然是一種積極人格的教育，指導者的先決條件便是要具備積極的人格，至少自己必先在生活中培養對工藝的興趣。例如，愛佈置家庭整理庭園，偶而也做修理家庭用物的工作。此外，每逢節日、慶宴，亦必有好主意，帶動全家大小、做些應節小工藝、小擺飾，供桌餐桌擺設餐具、餐巾、桌布，樣樣都別出心裁。如此，全家的家庭生活亦慢慢產生積極合作的歡樂氣氛，孩子們也不期然的默默地接受了立體造形，積極人格的薰陶。

立體造形的製作除了陶塑、編織、裁縫等手工藝需要經過訓練之外，一般來說，按著說明指引，便可動手製作及指導。平時可從報章雜誌或工藝書冊中收集教材，分門別類整理，自己再學一反三，做成教案在課堂上使用或在家庭生活中隨時應用。

和兒童一起工作，無論是指導製作、共同合作或修理一些用品，成人必須有很夠耐性的心理準備。兒童工作進行的過程可能倒行逆施，以破壞代替工作，或者製作的用品不能達到預期的美觀。孩子們常常越幫越忙，花了很多時間才做完自己要做的東西，成人會很不耐煩，把鎚子搶回來自己釘，說等他長大一點再給他做……等等。這是每個家長都有的經驗。陪小孩工作，眞非要千百次提醒自己的耐心不可！因此，除非我們要製作的是認眞講究，或有藝術價値甚至有危險性（像修理電線）的物件，否則寧可不太計較「作品」效果而讓孩子們有共同工作的機會。

指導者應了解兒童心理。他們在產生破壞行動，或在忘形中毀壞東西的時候，應了解他們是無意的，無辜的，成人的緊張、生氣、責罵，生不了教育作用。慣犯的兒童，遭受越多的責備，越難自我糾正其大意、疏忽及反應遲鈍的舉動。固然，成人也是人，尤其整天單獨和孩子在家的母親很不容易熬過一天，如果孩子又是頂聰明，頂頑皮的話。不過，無論如何，爲了愛心，爲了正當的教育，成人只有自我克制，以千百個耐心，把頑童鑄成手足靈敏，積極明理的小寶貝。和

兒童常玩拼圖、下棋、看書等靜態遊戲，可增進耐心及友伴感。（圖㉕—㉖）

## 二、開放兒童的視野，接觸及體驗周圍環境

家長及指導者必須滿足孩子們的研究慾及求知慾。在生活中隨時隨地和兒童搜索新事物。新事物當然不限於自然界的花草魚蟲只要是舉目所見之物均可引誘其認識及研究的興趣。任何物品的性質、機能、構造或生物的生長過程及活動，都是兒童接觸認知的題材。成人必須有問必應。最好先反問，經由討論以刺激思考，或讓其動手去找尋答案。再用兒童能理解的去解釋。不能回答便據實告之。當然，家中或詳或簡的百科全書是不可缺的，有專爲兒童編著的百科全書更好。成人會發現，爲了回答孩子問題而費神去翻閱資料時，自己重新學習不少新東西。

至少每兩週的週末要帶孩子去做戶外活動，到不同的場所。如果可能，母親帶幼兒到附近公園去散步、玩沙，每天至少要在戶外一小時。常常屈居家裏四面牆的孩子，脾氣特別壞。（圖㉗—㉙）

生活環境越開放的孩子，越有自信。他對五色繽紛的龐大都市，及穿越街道的巨龍猛獸人牆不至產生恐懼。他會慢慢接受周圍的世界，積極而不退縮。有些家長認爲讓孩子常看電視也可增加其認知幅度，促進智力發展。這是錯誤想法，撇開電視對視力的損害不說，長時間「被動」的

觀看電視，會養成消極性格，懶於行動和不積極思想的習慣。吸收電視映象的經驗是視覺經驗，它固然有其可取之處，但整體來說，那不是一種親身的「體驗」。很多心理醫生已證明，經常長時間看電視的幼童，夜裏常做惡夢而致尿床，太集中精神時有咬手指，擠鼻抓髮的機械習慣。同時，看電視不像和成人一起看故事書，因爲在電視節目進行中，大人爲了避免小孩的干擾，往往不予解釋，使孩子養成不發問的習慣。小孩子吸收太多不能理解又不能觸摸的事物，對周圍環境及「未來」，對兒童來說的成人社會自然沒有安全感。這樣的孩子常常顯出退縮、依賴及容易疲倦。就算是適合兒童的節目也不宜連續觀看一個小時以上。家長必須注意控制兒童的電視時間和檢驗其內容。積極生活的計畫包括一個有自制、自主的生活作息規律。

## 三、和兒童建立合作的友誼關係

新的教育觀念指出，一個成功的家長或老師，並不讓孩子有「父親大人膝下」或絕對「尊師重道」權威的感覺。俗語常說：「嚴父慈母」，父親和母親比較起來，母親常是和藹可親的，慈祥和順的，充分顯出愛的滋潤。就算是舊家庭的母親也是比較不忍心打罵孩子的。父親最好是敬而遠之，退避三舍。因爲父親是嚴不可犯，高不可攀的。有很多中國家庭，甚至年輕的一代，仍然持著一個古老的觀念，認爲家庭中要有一個讓孩子敬畏的人，否則兒女便要造反。這個角色通常由父親來扮演，孩子不乖的時候，豎眉瞪眼，做出讓孩子畏怕的權威，和母親仁慈的角色一唱一和。在嚴父的權威的對比之下，母親溫和的角色便成爲可欺的對象。有很多家庭父母尙驕傲地指著兒女向別人說：「他就是怕我一個。」眞可憐，孩子要怕父母，當他未來遇到困難的時候，軟弱的時候，該向誰求援？向誰傾訴？就效力來說，權威的建立不是以威逼爲能事，眞正的權威，眞正的「嚴」必需自我明正，既嚴且謹，說出來的規律，要率先遵守。從看電視的規律到不闖紅燈的守約，絕不能先犯。權威是要以愛、以德去建立的！父母是孩子最接近的人，是孩子的燈塔。做父親的應分擔照料孩子的工作，替孩子包尿片、洗澡，共同遊玩。我們要贏得孩子的親近，博取孩子的友情，對孩子們的種種問題，能夠平和地、親切地、細心地和他們商量。（圖30）

共同生活、共同遊戲工作，讓孩子覺得你跟他在一起的時候是全神貫注於他的。讓他參與可能插足的工作，把他當作自己的伙伴，尊重他的人格，和他在一起使自己感到無比的快慰。全家一起做勞作，做立體造形的鏡頭是一幅充滿家庭樂趣，春風和氣滿堂的家庭合照。孩子們會感到驕傲，因爲他好像能做成一樣的工作。他受到讚賞，他的意見被看重，很易建立自信。在共同過程中，學習到有時要放棄自己的意見，有時要耐心等待下一個行動，爲了整體的效果，他會見好就收，不會胡鬧地繼續「工作」。當然，更重要的是使他感受到父母老師的可親。在國外的幼稚園老師不被稱呼爲老師，而稱阿姨或直呼其名，對孩子來說，這正是人格的解放——兒童和老師變成可親近，可直呼其名的平輩。如此在學習中少卻一層恐懼的陰影，有何困難均可毫無忌憚的接近依恃了。這種情形，不合國情習慣，但其精神可取的。（圖31）

和孩子建立友情，眞是多美的境界！孩子也漸漸學會了把友情分給玩伴，這可表現在他對弱小孩子的呵護及把自己的玩具借送給別人的樂趣中。他將會是一個合羣的社會份子。

無論如何，家庭中的友情是無與倫比的。在夫婦關係中的友情也正是給孩子的榜樣。孩子們其實是最友善的，他永不記舊惡，遇到父母性情急躁的呵責，哭一場，睡一覺後，第二天起來一樣愛父母。他們所要的是愛情和友情。愛，使他們得到依恃照料，友伴；使他們不孤獨。父母的愛應自然地從觸摸孩子中流露出來，吻他，輕柔的拍他，緊緊摟抱他。發生不愉快事情時，握他的手，摸他的頭，過後也可用舐犢之情，舐得一乾二淨，孩子從觸覺反應中，才會眞眞實實的感到熱愛。

## 四、極大的誇獎，極小的懲罰

兒童的自立及自信能力在滿週歲時便開始建立，他這時剛學會走路，到處去做「搜索」及「

研究」，是對自己能力的考驗。稍長大後，便要學會更多的事情，像穿衣、大小便、扣鈕子，學習拿筷匙吃飯等。要學習的事都是和手足及肌肉的靈敏有關。幼兒最容易和父母發生衝突的是吃飯及大小便兩樣事情。今日的醫學已知道幼兒的肛門自控肌要到一歲半時才發展健全。兒童成長的心理階段有所謂的肛門期，是兒童心理的自我意志要突破的一關，處理不好，會導致以後的精神緊張習慣或病態。排泄的知覺是幼兒對自己體內生產東西的驚奇。家長在幼兒開始練習排便時，不能給予其惡臭骯髒的觀念，令其害怕羞恥。應有耐性並誇獎其「生產」成果。中國傳統的習慣，數月大的嬰兒便替其把尿把糞。定時排便習慣的成功，有很多是偶然及適時的，不是自己控制的。但養成定時把便的習慣後，嬰兒在不穿尿片的其他時間中當然仍會隨地大小便。弄髒了地板衣物，常常就被責罵甚至打屁股，這是不對的。和大人在飯桌一同吃飯，幼兒也是常常令人生氣責罵的對象。他不想吃或吃飽後便要玩他的剩飯，大人應及時把飯碗拿走，換給他可以玩的東西，便可避免了晚飯不愉快的氣氛。同樣，低矮架上的書本、衣物、餐具也是幼兒常常搗亂的對象。處理的辦法最好是改變佈置，使他沒有機會搗亂，或者給他一些可撕毀的書本、玩不破的衣物及沒有危險的東西以轉移對象、興趣。如果眞的破壞了，也只能怪成人沒有及時避免事情的發生，幼兒是無辜的。

關於懲罰的問題，今天的年輕家庭，已普遍曉得體罰對兒童整個人生的傷害，很多國家也有法律保護兒童，避免受到過份的嚴重體罰。原則上任何懲罰都會傷害心理及意志，有時精神的懲罰比體罰的傷害更大，我們對兒童做的否定評判切勿涉及整個人格的宣判，而應針對事情的後果。譬如打破了東西，不應說：「你眞是粗魯！」或「你一天到晚都是如此！」而應說：「這樣子，這個東西就打破了。」或「這次你不小心，下次要注意啊！」對兒童說他眞不乖，簡直是整個人格被定罪了。無論如何，對二歲以前的幼兒，任何方式的懲罰是沒有意義的。如果說「你這樣子，我眞不喜歡你！」就更慘了，整個安全感都被懷疑了。關於這問題我們在本系列的「兒童戲劇與行爲表現力」有詳細的討論。

常遭體罰的孩子會影響學習的靈敏度，或者造成對其他同伴有破壞性及侵略性的行爲。

我們應誇獎兒童的每一件工作的成績，如眞有壞的成績及工作習慣，也應局部的而不是整體的否定。

## 五、有創作性及遊戲性的指導

• 家長及老師應貫通與生活有關的活動，每天隨時對孩子誘導。有很多活動應每天重覆做，時間長短要視兒童反應而定，如不成功，應及時停止，改換活動。

・設法把工作或教案變成一種遊戲，而且指導者也動手做，讓兒童不會感到學習的壓力。（圖㉜）

・不要太注重期望達到的學習成果，自信力的促進是首要目標。

・提供兒童足夠的材料及同類的玩具，以免在同伴及兄弟姊妹中發生爭吵。

・提供工作的技術及可能的形象想像方向，必要時也做一個步驟給兒童看，讓他有個開頭，但盡量不讓他模仿。必要時幫忙兒童做點黏貼及造形關節的連接工作。少給樣本，多鼓勵自創。

・使用鎚子，鐵釘的工具時，成人必須在場，以免兒童發生爭執而以工具動粗。

・和兒童共同工作或修理時，準備好兩套基本工具，譬如兩個鎚子，兩個鉗子，兩塊擦子等。以免因爲他要搶用成人正在用的工具，阻礙工作進行而發生衝突。（圖㉝）

・做與空間有關的遊戲時，如搭房子、架橋必須愼防危險事故發生。若兒童產生害怕不願做如此活動時，不可勉强。要設法把遊戲簡化到讓他可以做，譬如把「橋」先放在稍矮的地上讓他行走。

・多利用現成的廢物用品，變成兒童立體造形的遊戲及玩具。廚房的餐具、炊具及塑膠瓶罐、紙盒、衣架、晒衣夾等，都是兒童最喜歡的玩具。透過想像、發現來刺激新主意。

・兒童把玩物放到嘴裏，甚至泥、沙、顏料也不例外。成人固然可以適時制止，但不必緊張，否則愈禁止，兒童愈要做。他們都很聰明，嚐過一次沙就知道不能吃，不好吃。小件的東西放入嘴裏也不會吞到肚裏，卻可能不小心吞下了，發生危險，因此要隨時注意他口中有無小東西。

•原則上沒有任何一種禁止的命令對二歲以前的幼兒是有效的，如果我們眞要禁止他某種行爲，一再每天很堅決的說「不」，而且立卽把孩子不應碰的東西移開拿走，或把孩子引到別的地方，是最有效的。最糟的是用威脅的口吻說說：「如果你再弄（碰）一次我就……」而且說了又不做。當然，要這麼有耐性及貫徹地禁止孩子某種行爲，需要有很強的神經及意志，這的確不容易。但這是唯一避免爭吵及和孩子天天衝突的正確途徑。孩子聽不聽話，乖不乖，是家長自己應負責的。

•原則上我們不必怕孩子把衣物及地板弄髒，最好是有一兩套專門給他玩沙玩顏料的衣服及圍裙。要有固定的工作桌，畫板，或特別給他們一面牆打好格子塗鴉。

•不必買太多玩具，有些不再經常玩的玩具應收起來，過些時日，孩子問起，又可以拿出來。和孩子逛百貨商店，有些孩子看到什麼都吵着要買，可以讓孩子了解不是樣樣都很好玩，也沒有那麼多錢樣樣都買，養成只看不買的習慣。有些簡單的玩具，試著在家裏和孩子模仿自製，還可以加上自己的創意。

•關於敎孩子認識自己身體器官的一環，尤其是性器官，也是初步性敎育的課題，必需處理得當，否則影響孩子的心理平衡及未來的婚姻生活。原則上性器官，對幼兒還可用孩子用的名稱，像「咕咕鷄」之類的別名，五歲以後便應告知性器官正確名稱及指出男女不同處。也就是說，使其習慣以醫學衞生的態度來了解及處理自己的身體，才不致有不正常的神秘羞恥感。（關於指導細節，請參看教材案實例的認識身體」部份。）

# 六、空間佈置及工具

## 在家庭裏

・儘可能用最大的房間做兒童睡房，兒童除了睡覺外還要遊戲、「工作」。因此，如果可能，家長的睡房和孩子睡房對換，使他們有足夠的活動地方。

・如果兄弟二人以上同房，睡床最好用雙層的，可省很多空間。但上下的梯子要注意安全。

・要有一張工作桌，並注意坐椅高低要適合孩子的身高，要隨年齡增加而把椅墊高。

・有多層專供陳列用的櫃架，展出立體造形的作品、玩偶、及收集的樹葉、石子、貝殼等。

・玩具分類放在不同的盒子內或抽屜內，如有十來個像中藥店的百斗櫃是最理想不過了。儲藏衣物玩具的空間愈多，孩子愈能養成衣物有序的好習慣。往往成人罵小孩子不把東西收好，大都因爲他的東西沒有地方可收拾。

・如果客廳不預算請客，白天讓孩子在整個房子內到處活動，使他不圍困於自己的房間內。當然，家長每天要辛苦指揮、誘導、收拾是可以想像到的。

## 在學校裏

・要有一個專用的立體造形工作室，這當然可以和繪畫用途互相配合。
・佈告展覽欄、擺置作品櫃架及可以懸掛吊飾的天花板。
・分類的玩具、積木箱。在幼稚園應佈置各種角落，舖設地毯，使「工作」自由。（圖㉞）
・可以隨時變換擺置的工作桌椅。
・最好在工作室內有一個洗手盤。
・在校園裏佈置一小水池，沙堆場，及讓孩子可尋寶的廢物雜物儲藏室。

## 工具材料

・兩套可以替換的工作服或圍裙。
・基本的工具包括：小木鎚、鈍頭的小剪刀、黏膠帶、合成樹脂（白色膠液，可黏紙、木、布、及皮料快乾。）、漿糊、快速黏膏（像口唇膏一樣）、做泥工……的塑膠刀（美術用商店有售）、切紙板的日本

刀（由家長老師保管及使用）、釘書機、橡皮圈等。（圖㉟）

・粗重工具包括有：鐵鎚、鉗子、線鋸、木板鋸、螺絲起子、挖孔鑽子、用來彎鐵絲的尖嘴鉗、固定木板於工作桌上的强力夾、强力釘書槍等。（使用時，指導者必須在場）（圖㊱）

・立體造形的材料眞是應有盡有，基本常用的有下列各類，其他的因教材所需而設置：紙（舊報紙、厚薄色紙、瓦楞紙、錫紙、紙板、衛生紙、玻璃紙及各種奇怪表面的紙。可向報紙廠或印刷廠廉價購取印錯了的大張卡紙、裁邊紙屑等）、布（各種布料、毯布、絨布等）、皮料、毛線、繩子、鐵皮、鐵釘、鐵線、三夾板、廢木料、木塞、軟木板普利龍板料、大小普利龍球、黏土、油性化學土（永不乾硬）、紙黏土（在空氣中乾硬、乾後不脫泥屑、不裂，臺灣有售）、橡皮化學土（可在家庭用的烤箱中烘硬，在臺灣尚未有售）、石膏、蜂蠟（純蜂蠟比化學合成蠟柔軟易塑）、沙、石頭、各種乾豆種子、麵粉、筷子、吸管、牙籤、草管、汽球、各種大小形狀的積木（用普麗龍、塑膠及木頭造的積木）及各種塑膠瓶子鐵罐等。

## 七、玩具的選擇

兒童玩具在現代的家庭裏已成不可或缺的消費品，尤其在外國，很多家庭的消費能力提高了，兒童玩具的購買眞是可說汗牛充棟。這個現象，一說是愛護兒童的表現；另一說是家長太舒服，太少時間和兒童玩，玩具做了玩伴的角色。兩種說法都對，的確，現代小家庭兄弟姊妹少，父母大都有一份職業，都市已沒有可以自由玩耍的街巷。因此，兒童就被困在家裏玩現成的玩具製品。這些都是事實，但有一個重要的教育課題卻是不容被忽略的——成品玩具絕不能替代家長玩伴的地位。

儘管玩具是不可或缺的，但並不意味所有的玩具都有教育價值，而且有很多玩具是可以自製的。從日常生活中利用現成物件變成玩具是最好的生活教育。當然，市面出品的玩具也不乏有教育意義的，家長須要多作考慮選購，同時孩子逛商店時讓孩子養成玩具只看少買的習慣，告訴他不必樣樣都要佔有。如果家長常和孩子遊玩，孩子自然會滿足。本節推出幾種對觸覺及立體造形教育有裨益的玩具成品給家長參考，這些玩具有很多是外國進口，臺北市有售的。

1. **大木珠**：給嬰兒在頭幾個月觸摸把玩，表面光滑，有不同的形狀，有各種明朗的色彩用來吊在床緣上。以後也可當積木玩。（圖㊲）

2. **軟布囡**：（三個月以上）小件的布囡囡，軟綿綿的，表面是布、裏面是海棉，給嬰兒抓摸及伴睡。要能方便清洗潔淨。（圖㊳）

3. **套罐**：（一歲以上）買一套由大至小的塑膠玩具罐，圓的方的都行，讓幼兒一個一個的看準罐口裝入，當然他並不會依大小順序一個個套入罐內的。這是手眼靈敏協調的練習。（圖㊴）

4.**積木：**（一歲半以上）選邊緣圓滑，大小長短多樣的積木，不一定要有顏色，但件數要多。一歲半以前也可先購一些用軟塑膠或橡皮做的小積木給他抓摸，萬一在軟積木前跌倒也不致受傷。如可能，購置普麗龍做的大塊積木。（圖㊵）

5.**入洞積木：**（二歲以上）是培養幼兒對積木的幾何形狀辨認力及手指靈敏的玩具。通常在一個罐子的蓋子上做方形、圓形、三角形及星星形等的小洞，讓他把適合各洞大小的積木入洞放到罐子去，入洞玩具的幾何形有很多種，選擇簡單淸楚爲宜。（圖㊶）

6.**拼圖積木：**（二歲以上）和第五種玩具相似，幼兒的拼圖應由大件的幾何圖形及象形的圖畫開始。幼兒雖然在一歲便可以分辨物品形狀大小，但那是有實用價値的慣性辨認而已，有意識的認識物件造形不同，還要經過幾何形狀比較的學習，幼兒拼圖是把物件形象的幾何性——曲、直、圓、方、大小加以强調及簡化。譬如物形狀的拼圖，或一顆樹分割爲數個部份做拼圖、數朶花菇由大至小的分別排列。市面的幼兒拼圖積木有用木塊或硬普利龍做的，大都配合色彩來拼排。三歲以後可以買紙做的圖拼圖，先是大塊分割的，到四歲才有能力做小塊分割的拼圖。小塊圖畫對兒童來說是一種鍛鍊耐力的玩具。兒童同時學習到辨認分割線的形狀和圖畫連接的協調和組織。（圖㊷—㊸）

7.**立體梳形積木：**（一歲半以上）是一種六面有梳齒的塑膠積木。幼兒堆砌時可以隨便從各個方向接合固定積木的位置，雖然以一歲半的年齡還不能砌出任何形象，但隨意橫直堆上，不易被破壞堆倒。當然再大幾歲仍可玩這種玩具砌形象來。如果買給學前兒童，買一大盒的積木便可自由創作，不必一小盒一小盒（譬如砌房子、砌飛機、砌動物的零件及樣本）的買來照圖砌。（圖㊹）

**8. Lego 積木：**（二歲以上）這是一種暢銷的塑膠積木，風行全世界。有幼兒及兒童兩種大小分別，前者大件，組件簡單，容易連接組合，色彩鮮艷。妙處是堆砌連接不用黏貼，比前述堅固，拆件容易。出品商費盡腦汁設計各種造形的組合，把基本的積木加入數種特殊組件（例如飛機的引擎、汽車的車輪，透明窗戶等細件），又成了一盒新的玩具產品，有的家長一盒一盒的買個不完，不是很有意義。特殊組件固然不錯，不過，沒有特殊組件一樣可以自己砌出飛機的引擎來，可以用想像象徵式的表現。（圖㊺）

**9. 釘子馬賽克：**（四歲以上）是把彩色圓頭釘揷到洞洞板中，像鑲鉗馬賽克的拼圖一樣。以圖點爲單元拼出有幾何性的物像，是對圖形幾何化整理的一種學習，也是耐力及細心的鍛練。選擇時注意塑膠釘頭是圓是起角還是平的，平頭的釘，有二歲以下的幼兒要小心，不要在他面前玩，否則被他拿來塞到氣管發生意外。

**10. 敲釘鎚：**（四歲以上）讓幼兒用小木鎚打釘子，過一下木匠的癮。這玩具是一些用木片或塑膠片製成的幾何圖形，每小片中央有一個小孔，幼兒可用小釘在小孔中釘入一塊軟木板上，很易操作。一方面可鍛鍊手技靈敏，又可作平面拼圖浮彫。如果在市面買不到這種玩具，也可自製。用厚紙片做有色的幾何圖形，釘在普尼龍板或軟木板上。這種玩具也要慎防二歲以下幼兒放釘子入口。（圖㊻）

**11. Constrl：**（五歲以上）是一種以塊狀積木和用來連接的角邊組成的玩具。角邊接條有長有短，配合大小的積木板，還加上圓形的車輪或引擎等。這種玩具已經接近傢俱或建築的組合了。大小長短的組件做出來的造形已經不很抽象了，須要動一些腦筋來配件。

**12. 工程架：**（六歲以上）主要構成原則是用螺絲連接組件，組件的積木有長條扁形、還有圓形。這種玩具當然也可讓四歲的兒童開始，學學上螺絲的靈敏力，但不會做出有機械架構性的造形來。（圖㊼）

**13. 玩沙工具：**（五歲以上）最後要提一下玩沙的工具。夏天的戶外活動，在公園在街頭如果有玩沙的機會，應儘量讓兒童常常去玩，一歲半開始一直玩到大，是不會厭的。因此建議好好買一套玩沙的工具，應至少包括一個小水桶，大小鏟、一把小扒、各種動物或星星壓模。（圖㊽）

**14. 七巧板：**七巧板是中國的古老童玩，其分割乃由一正方形分割成七片，有很微妙的組合關係。不在乎照圖施工，而是用全部黑色的完成圖樣，來猜組合形象，可增加兒童對形狀大小掌握的能力，是很好的玩具，家長可依圖自製，七巧板的顏色最好是單色才達到遊戲智慧的意義。（圖㊾—㊿）

# 第三章
# 觸覺與生活教育

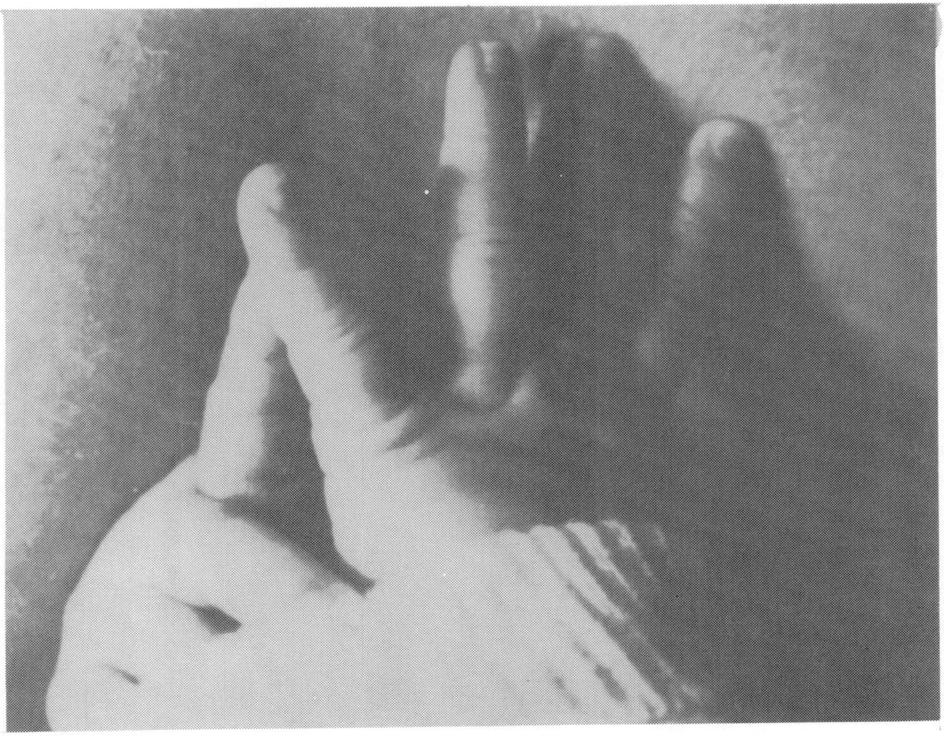

# 第三章
# 觸覺與生活教育

## 一、嬰兒單元（圖51—56）

本單元的活動是一些在養育嬰兒生活中隨時可做的練習，每個練習費時甚短，也值得在適當時間及場合內，一再的重複練習，以達到要促進的目的，我們希望家長及托兒所能多採用。

### 觸覺的滿足

**1. 裸抱：**嬰兒出生後，剪完臍帶吸完痰，如果母親的精神尚可，又遇到開明的醫生，可要求把濕淋及哭得可憐兮兮的小寶寶抱在自己裸露的胸腹上，給他溫暖、愛撫、柔吻。嬰兒獲得安全感後可能會慢慢止住哭聲。以後回到家裏也經常如此做，在換完尿布後或洗完澡後配合適當的室溫，做五分鐘的練習。當然，裸抱並不限於母親，做父親的當然更適合裸着上身，讓寶寶俯臥其上，他一定高興得不得了。

**2. 腹臥**：嬰兒睡覺，給他養成以腹部臥床的習慣，這個姿勢使胸腹比較「實在」可給他安全感。他的頸部運動會較早開始，同時就算遇到吐奶也不會發生氣管窒息危險。到了七、八個月他便會自己自動地偶然作側睡或仰睡。睡前擁抱的姿勢也可放在肩上，讓他也可以摟住父母的肩頸而易於入眠。（圖51）

**3. 撫摸抓癢**：洗完澡，不必急着替寶寶包尿片。有個電熱器控制周圍室溫的話，可讓寶寶裸身在床上翻滾。家長可以一面替他抹油膏洒爽身粉，一面玩抓癢遊戲，摩擦小掌心、胸部、背部、脚板。餵奶時可以撫摸玩弄其小手指，有計畫地把他的手指一根根伸屈、捏拳、擦掌。伴睡時可以在頭頂、背部、臀部輕柔撫拍，有催眠作用。（圖52—53）

**4. 幫助長牙**：小寶要長牙時，嘴巴愛咬東西，市面有出品專供出牙用的橡皮奶嘴，稍扁平而尖端向上彎，可堅固腭部齒床的健全。此外尚有一些用橡皮做的小餅圈也可幫助長牙。但小寶寶聰明得很，橡皮沒有味道，不要咬。可以給他一些舊的硬麵包或生紅蘿蔔、刨皮蘋果來咬。每個小孩長牙的速度不一樣，快慢均沒有重大健康缺陷，可以不必急。咬奶嘴是一種安慰，不必禁止，但到一歲半之後要慢慢戒除，否則會使上腭齒床過高而致上前排牙齒向前移動。

5. **斷奶**：如果能餵母奶是最健康的，因爲母乳含有嬰兒所需的各種維他命。可以儘量餵到九個月以後，便應斷奶。先換奶瓶，減少奶餐次數，讓嬰兒學習自己拿奶瓶、拿杯子喝水、吃稀飯，學習第一件有把握的事。餵奶時可讓其小手把玩母親的乳房。

6. **吊木珠**：除了小床上的活動吊飾，在床欄兩端應吊掛一串有色木珠或各種邊緣圓滑的有色積木，掛繩水平高度約三十公分，可以誘使小寶寶用手去抓。（圖54—55）

7. **第一個伴睡偶**：三個月之後可把一個簡單的伴睡偶放到小床伴寶寶睡覺。養成一個習慣，睡前一定把床上玩具雜物清理，只剩伴睡偶。伴睡偶可能是一個布娃娃、軟毛小狗。不必一次買太多個，髒了再換一個新的便可。嬰兒慢慢習慣了有一件東西伴睡，有了寄托睡得很好。

8. **觸覺敏銳的玩具**：第一批對觸覺有幫助的玩具不必太多，可包括一個布囡囡、軟的海綿球、數件扁平的積木（頭部向下跌時不會損傷）、其他可給予小的空紙盒子及短繩供給他壓扁、咬、撕開之用。到他會坐之後也在他的眼前擺些小東西，如飯粒、糖粒、奶粉碎等誘他用小手指去檢起。這時，有數種東西不能給他玩：太小的東西（如有小姐姐，這時要犧牲某些細小玩具，收起來到小寶寶兩歲才玩）豆類、鈕扣、塑膠袋、大枕頭、大被單。（圖56—57）

9.**誘爬**：小寶寶會坐之後，可以用小玩具（顏色簡單鮮艷）誘他抓取而學爬。橡皮球、紙做小積木盒、小扁盒都可，高而邊緣不圓滑的玩具會在他失手臥倒時發生傷害。誘爬數次中要有一次幫助他抓到誘物，否則傷害他自信心。

## 研究慾的促進

1.**身體研究**：七個月之後的嬰兒已開始注意到細微的東西，可以教他認識身體較特殊部份，像舌頭、鼻子、耳朵、頭、肚臍。一再重複各部位的名稱並做些動作，像「打頭頭」、「摸摸鼻子」、「伸伸舌頭」等。

2.**雜物研究**：在收拾衣服、整理書本雜物時，把小寶放在其中，讓他亂翻未整理的部份，他會樂得開心。當然，得注意有無危險物及小東西在內。

3.**破壞研究**：給他一些舊書、舊報紙、要拆開的包裝物，他會很快的學會拆東西和撕東西。堆一些積木給他推倒。倒塌的聲音有時是很精彩的，更重要的是，他曉得自己居然也做成功了這麼一件事情。

## 空間辨認力及領域感的培養

**1.授受遊戲**：用不同的玩具（最好是成人用的東西，如湯匙、橡皮擦、桔子、鑰匙等，小孩最感興趣）一件一件的交給寶寶，又叫他交還回來，每做一個動作，都用很清楚的語詞同時表達，例如「小寶，我給你這塊橡皮。」，他伸手要了玩一會，再說：「你再還給我好嗎？」，如果他交來，要說「謝謝」。如果他拿了不還，可以再給他第二件玩具，或主動從他手中拿去又再還給他。這個遊戲也可和小寶的小姐姐小哥哥先玩，讓他了解。常常玩這遊戲，小寶學會一些社會交易法則，佔有的東西也容易脫手。可是有一種類似的遊戲千萬不能做，有很多成人拿去小孩的玩具，騙騙要還給他，他伸手來了，又不給，這樣只會教孩子自私及不信任。

**2.滾皮球**：選用像足球一樣大的玩具球，和孩子對坐，滾來滾去，通常一歲以前的孩子只會接球抓球，而不會把球滾出去。要到手的東西是不願意送走的，可以常玩遊戲使他學到推球給別人。

**3.方向知覺**：六、七個月大的嬰兒便有能力辨別空間方向，當然，這種空間方向不是認路的能力，而是上下、內外、這裏那裏的分別而已；對於房間的辨認也不是整體的空間觀念，而是靠房門上掛的東西、顏色、或圖畫。要從一個房間到另一個房間時，可以指給他房門方向，並每次用語言告訴他房間或大門的名稱，他很快便會熟知。同樣，也可以常常和他玩問答遊戲，問他：「燈燈在那裏？」，「窗窗在那裏？」（明亮的方向），然後拿着他的手指着「燈燈」及「窗窗」方向地說：「燈燈，在這——裏」或「窗窗，在——這裏。」當然，也可以問他「媽媽在那裏？」，「姐姐在那裏？」「小寶在那裏？」等。

## 二、兒童單元

本單元的活動對象是一歲至六歲間的幼童，這些活動的啓發目的是着重觸覺感官的敏銳化及生活教育。幼兒滿一歲學會行走後，他的生活馬上有了大改變，他的研究慾有如泉湧川流，不停不息。同時，他也要隨着一年一年的成長學習很多自己要做的事，我們也要做很多遊戲幫助他的手足靈敏。

### 觸覺敏銳化

1. **摸東西：**（三歲以上）在牆壁上做一幼兒高度可及的「觸摸板」，貼上各種不同表面的材料，如沙紙、玻璃紙、毛線布、粗布、細布、針織布、地毯、皮、鐵片、瓷磚、紗窗網……等。給小朋友看看摸過，並知道各材料名稱，然後一個一個蒙起眼睛再摸一次，猜猜看對不對，看時間及興趣而決定是否只選樣來猜，其他小朋友做評判。猜的小朋友說：「這件東西眞奇怪，讓我來猜猜，是──××對不對？」，然後評判的小朋友說：「對！」、「不對！」。猜中或猜不中也再摸另一件東西再猜。這遊戲摸的東西當然不限於表面，亦可把實物及水果讓其摸。（圖58）

**2.玩沙：**（一歲以上）公園中的沙坑要常常替換，尤其常下雨的南部，至少二月要換一次，否則會長蟲蟻。沙堆的附近應有取水處，沙混水成粗泥才好玩。夏天盡量讓小孩每天去公園玩沙，或偶而到海灘去玩沙。讓小孩在沙中打滾，把身體埋在沙堆中，玩在沙中藏鞋子的遊戲。給孩子玩沙的小桶、工具、過濾網及各種做餅的立體模子。教孩子用沙做一個山洞，塑一個人臉，用過濾網洒沙粉，洒成一個小山，在沙中挖穴，做沙腳印、手印及各種模型。和孩子在沙中跳躍、輕跳、重跳、遠跳，看看每次留的腳印會有何不同。亦可在沙灘上用腳走路畫圖形。（圖59—62）

**3.玩麵粉：**（二歲以上）媽媽做餃子或蛋糕時，可以給孩子自己做一份。給他茶匙、小杯子、小過濾網及少許水。也教他用各種小模胚壓形象。做這遊戲時當然要給他圍裙及預算他會把周圍弄得滿地麵粉。

**4.玩衛生紙：**（一歲以上）捲裝的衛生紙是孩子們的好玩具，給他一大捲，讓他在地上滾、拉、撕、揉及做各種想像的遊戲，把紙長條當馬路，捆縛身體等。（圖63）

**5.草圖紙：**（一歲以上）建築師事務所用的設計草圖紙是很好的幼兒觸覺材料。可買一大捲玩和衛生紙類似的遊戲，不同的是，衛生紙柔軟，草圖紙脆薄，揉之會發出噪音。可把紙當路走、

當橋過、在其上塗鴉，包身體等。（圖64—65）

6.**錫紙**：（一歲以上）煙盒內的小張錫紙，廚房用保溫防油的大張錫紙，同樣可揉可發噪音。（但錫紙須慎防碎片吞食）

7.**紙袋**：（一歲以上）牛皮紙袋可給小孩揉、當帽子戴、撕兩個眼洞當面具及吹氣入內，用手拍擊爆聲（拍時讓孩子注意，以免嚇驚）。

8.**盲人吃東西**：（三歲以上）把眼睛蒙起來，給孩子吃各種水果，每次給一小片，讓其由味覺猜出所吃的東西。

9.**用語言摸東西**：（四歲以上）給兒童把玩過多種東西後，教會他們描述各種物件的形狀、顏色及表面質料後，可一齊玩這遊戲。每個小朋友輪流請大家猜他描述的東西。每人都有同樣的起頭發問。譬如：「有一樣東西只有我摸到，你們摸不到——是長長彎彎的，黃色的，摸起來滑滑的。」然後請大家猜。這一個遊戲可在任何場合中玩，在火車旅途中，汽車中都可用想像方式來猜。

10.**猜摸畫**：（五歲以上）這是配合繪畫活動的遊戲。老師先用薄布料把電風扇、吹風機、茶壺、湯匙、鞋子等形狀特出的用品包起來，放在桌子上，供大家觀看，從外形觀察，猜測被包裹內部的東西，然後畫出來。各人畫自己猜到的，不偷看別人畫的。老師可以告訴大家，猜不到的，可以到前面去摸摸，就會更易猜到。若眞的還猜不到，就讓他：「偸看」被包裹物件的局部，猜到爲止。以鞏固其自信能力。本活動並不注重繪畫的成績，只要看得出兒童畫的是什麼便可。（詳見示範教案實例：「猜猜摸摸」）

11. **抓背癢**：（五歲以上）讓兒童脫光上身，兩個人一組，一人在前一人在後，站後者在前者背上用手指或水性色筆勾畫，站前者需憑觸覺反應，把背上被畫的軌跡用筆傳畫到他面前的畫紙上。然後去照鏡；看看畫得與背上痕跡是否相符。（詳見本系列第一册：「抓背癢」示範教案實例）

12. **用身體猜東西**：（三歲以上）爲了使幼兒的觸覺靈敏不止於手部，可用此活動促進其身體各部對外面感受的能力。可讓兒童蒙眼睛，替他穿衣服，要他用身體感覺衣服的質料。亦可把工具、水果等物件放在他的面頰、額、頭部、胸部、腳部、腹部，讓他蒙眼猜猜是什麼東西。

13. **大海摸魚**：（三歲以上）找一條數公尺以上見方的大幅布，柔軟而不厚。也可向油漆店買塑膠布（是用來墊在地上防止油漆濺汚的）。老師把皮球、小橡皮、筆、銅幣、鞋子、舊書等物藏在舖在地上的大幅布下，讓小朋友在其上遊玩尋寶。自己的身體也可捲在布內。（圖㊽）

14. **其他**：玩水、玩顏料、玩繩線、玩各類豆子果實，草葉等都是很好的觸覺活動素材。

## 研究慾的促進

**1.認識自己身體**：（兩歲半以上）這也是初步性教育的重要課題之一。在洗澡時教孩子認識四肢、五官、生殖器部份，不要讓其有羞恥感，而且完全以醫學衞生的態度去進行這教材。漢聲叢書中有兒童專用的生理圖書，以輕鬆而不兒戲的方式進行。（詳見示範教案實例：「認識身體」。）

**2.玩炊具**：（一歲以上）如果家長要自己做點事情，厨房的炊具是最好的誘玩物，孩子可以自己玩得很久。給他一些通心粉乾，大扁豆之類的東西，讓他從一個塑膠杯灌到另一個杯，學玩煮飯。但要注意不可給他紅豆、綠豆、玉米等小東西，雖然不怕他吞進肚裏，但怕他塞入耳孔鼻孔。

**3.搜集東西**：（四歲以上）教孩子愛惜小東西，認識自然界的產品。隨着郊遊、旅行、到博物館的機會或偶然購買可收集的小東西。石子、貝殼、樹葉、各種乾豆種子、羽毛、礦石及各種精緻小玩偶。搜集的物件可陳列在架台上或小型的百格架（用硬紙板或輕薄板做）上，有時也可利用做立體造形。（圖67—68）

**4.種植發芽**：（四歲以上）教孩子研究植物的發芽及生長，讓他有耐性地愛護保養植物，耐心澆水。有些小盆景是很容易種植的，像熱帶仙人掌、長青籐、三色菫、萬年青、天竺葵等。還有一些容易發芽的豆栥，如綠豆、大豆、秧苗，一般家庭都懂得如何使其發芽。又如洋葱，架在裝水的杯子上，會發綠葱；紅蘿蔔、馬鈴薯也可發綠葉及白花，但注意馬鈴薯花有毒。（圖69）

**5.養動物：**（五歲以上）小狗、小貓、熱帶魚、小鳥、天竺鼠、小白兎都是可供兒童養玩的小動物，家長當然也應知悉養動物的常識，多詢問或看專門書籍可獲正確指引。教孩子不光是把小動物當玩具，尚應負責照顧愛護。

**6.接觸自然：**（三歲以上）帶孩子接觸及觀察大自然的各種現象，並予解釋。在細雨中散步聽雨打傘聲；在微風中靜坐閉目感受在髮際間的輕吻；看閃電打雷；試飲山泉；試在小溪中濕腳；在小丘山坡上打滾；爬樹；在沙石中行走；踢秋天落葉；看石子投入水中生成的水波；吹肥皂泡；放風箏……。（圖⑳）

**7.認識重量：**（四歲以上）買一把簡單的天秤，最好是兩臂的，讓孩子比較各種物品的重量。也可以和孩子玩買賣東西的家家酒，用一些架子及桌子做買貨陳列的攤位，學習講價付帳找錢。

**8.認識大小及長短：**（四歲以上）用實物、圖片、量尺（不必有刻度）和孩子比較物件的大小及長短。也可用語言遊戲來比大小，每人說一種東西比大，老師做評判。

**9.幾何圖形：**（四歲以上）教孩子認識幾種基本圖形，給予很多幾何積木讓其學習分類。或用大張畫紙畫幾何路線，讓小孩拿着玩具汽車、火車（或以積木想像代替）在路線軌道上行走。（圖㉑）

**10.浮沉東西：**（四歲以上）把木塞、釘子、火柴棒、銅幣、瓶蓋、空瓶、橡皮……等小物件放在一盆清水中，和孩子做實驗。大家猜那樣東西會浮那樣東西會沉。對幼兒可以不必詳細解釋，年長兒童則略釋浮力原理。

**11. 因果遊戲：**(一歲以上)很小的幼兒便可以開始指示很多事情的因果，開始學習思想邏輯。例如開關電燈、收音機、吹熄蠟燭、按電梯開關、自動電眼控制門……儘量找一些小孩自己可以操縱而發生變化的事情來令其認識因果關係。(圖72)

**12. 研究機件：**(五歲以上)壞機器及舊機器，時鐘、鬧鐘，要丟掉之前最好讓兒童研究，讓他們拆開，到處把玩敲打，如果有時間陪他們研究，指示他們一些機件的性能，如齒輪的鉗接轉動，帶動馬達的皮帶，鬧鐘響聲的來源等。(圖73)

**13. 浴缸行舟：**(二歲以上)在洗澡時，可利用空的洗髮精塑膠瓶子或餅乾盒當船隻放在水面當船隻浮沉，也可灌入一小部份的水，讓孩子研究入水多寡才使瓶子沉下。

## 靈敏力的生活教育

一歲以後，幼兒已越出嬰兒階段，首先要突破的是自立走路，以後還要學習很多生存的適應力。這個時期要學的事情主要是手足的靈敏。因此，幼兒在學前年齡中所學均與生活有關。幼兒的自立自信是須要成人在無數的場合中幫助建立的。我們幫助幼兒自信的方式可依兩個原則：一、應讓他做能力以內的事，減少失敗的發生；二、幫助他完成該學會的事情，讓他增加成功的次數而欣然自信。下面是數種有關雙手靈敏的練習：

1.**自己用餐**：（一歲以上）給幼兒練習自己捧杯子喝水喝茶。杯子應購買矮形闊口而夠重量的，以免容易打翻。厚塑膠或陶製都可，或者乾脆給他陶製的飯碗來喝水也很適合。幼兒座位的周圍地上如無地毯，最好舖上瓦楞紙，可防止杯碗落地打破，減少成人緊張生氣的機會。餐具則開始時給他茶匙，到三歲才學習用筷子。幼兒吃的飯餐如果和成人無別，最好參與成人飯桌，佔一席位，他的位置桌面最理想的是放一個平寬的托盤，預算他隨時吃得仙女散花一般。

2.**剝東西**：（一歲以上）把桔子、香蕉及有包紙糖果先剝開一個口再交給小寶自己繼續剝。爲他的小手指頭，是很好的靈敏練習。如係糖果只能給他巧克力之類的軟質易嚼碎者。如果發現他吃桔子及香蕉吃得「夠本」而開始把蕉肉及桔瓣用手壓搾時，光憑空口禁止是無效的，可讓其玩兩下然後取走。

3.**翻書頁**：（一歲以上）可以買一本用厚布或塑膠布做的兒童書讓小寶翻閱。當然也可給他廢書册翻玩，學習一頁一頁的用小手指頭來翻。

4.**數書頁**：（四歲以上）通常學會了數字的幼兒要數東西是一大件一大件的數，譬如數紙張，也是一張一張的從一邊移到另一邊的數，不會翻着紙頁角來數，可以用書本來敎他翻頁角數張數。

5.**刷牙**：（一歲以上）給小寶一個小牙刷，和家長及兄姐一起刷牙，當然他只是用小牙咬來咬去而已，但這是一個刷牙好習慣的開始。讓幼兒與大人彼此幫忙擦牙是一個有效的遊戲。

6.**穿衣**：（三歲以上）讓幼兒學習自己穿衣，開始時教他局部，只穿袖子及把腳伸入褲管中，扣大型按扣。隨年齡增長而至學會對齊衣腳扣鈕，拉住襪頭穿褲襪等複雜動作。無論如何四歲兒童應已能學會自己脫下無鈕過頭恤或樽領毛衣，扣大型洞鈕等動作。

7.**打結**：（五歲以上）教幼兒穿鞋子打蝴蝶結不是很簡單，因爲鞋帶繩子太細或太短，不好結。可用卡紙板剪成鞋子形狀，畫出鞋面兩頰，打兩排大孔，給予粗繩或絲帶教打蝴蝶結（臺北有出品此類玩具）

8.**穿繡**：（四歲以上）類似以上玩具，可用厚木板或硬紙卡裁成各種動物外形，打數排孔，給兒童用鞋帶練習穿揷孔洞做初步的刺繡。同樣，亦可用長方形卡紙（21×30公分左右）仿數字畫方式（按着數字順序用線條連接起來成一圖畫）打洞，讓兒童以細繩按着數字穿洞，連成一幅圖畫。

9.**穿珠**：（四歲以上）教孩子穿一串珠鍊也是培養耐性的一種遊戲。年幼者先給予大顆珠子，用塑膠或有色木珠做成，包含各種形狀如圓球形、桶形、六角形、六面體等爲最佳，用鞋帶穿串。市面玩具商有售。年幼的幼兒到五、六歲時當然也可學習用及尼龍針線穿小珠。珠的材料變化很多，也可用各種有色錫紙揉成珠粒來穿；用雜誌色紙剪成絲條，每條捲成長桶形中空珠子；收集野栗子、蘋果核、棗子核趁其未乾前用針穿刺；衞生紙糊成的小球、普尼龍球、竹筆套、空心粉乾等都是容易找到的材料。

**10. 包裝：**（五歲以上）教孩子包裝東西，用禮物紙包禮物送給朋友，包好後貼上黏膠紙、打上絲帶結，便成很漂亮的禮品包。平時也可教他用手帕、頭巾打結包東西。

**11. 開關門鎖及抽屜：**（四歲以上）教兒童認識各種鑰匙及插入匙孔轉動開門的動作。對於開關抽屜也教其注意在何種情形會夾到手，在何種情形會使抽屜拉不出來（物件橫豎放置頂住櫃邊）。

**12. 收拾東西：**（四歲以上）給兒童各種東西（例如豆類）裝到不同的瓶罐，學習分類歸瓶；或整理剛晒好的衣服，一同把衣服分類裝到不同的抽屜或衣櫃；並同時學習如何擺置衣服最省地方；旅行前也讓兒童參與準備行裝的工作，教兒童把書本由大至小，由「高」至「矮」的排列；把玩具收拾歸類；幫忙收餐具；貼相片簿等，都是很好的課題。

**13. 其他：**如學習使用小剪刀、小木鎚、黏貼、用筆寫字、塗鴉，摺紙、開瓶蓋等日常生活小手工的初步技能。

## 空間造形

空間造形其實可以說是立體造形的一種膨脹。凡是大至與兒童的身體比例尺度，可供兒童穿梭活動的主體造形都可說是和空間有關。一般來說，彫塑家們做的戶外大型彫塑品展出時都是不准動手去摸的，非常可惜。這種觀念在國外已經改變過來，有很多大型的石彫木刻或銅鑄的彫塑擺置在戶外、遊戲場、飛機場，都是可供人遊戲穿梭的。兒童在生活周圍最喜歡找一些角落；尤其是剛好適合他的小身體尺寸的隙縫洞穴之類的地方去躲藏穿梭。建築工地的置建材場在成人詳細審視過沒有危險的情形下，是最好的空間造形遊戲場。當然，我們也可以特別設計如此的遊戲場，本節只提供兒童自己創作的空間造形。

1. **捉迷藏**：在家裏、在戶外公園、樹林中常玩捉迷藏，是兒童百玩不厭的遊戲，在這遊戲中他們必須動腦筋找到可以隱藏自己身體的角落，衡量自己身體和外界空間的關係。

2. **抽象空間動作**：（五歲以上）教兒童用動作在空中比劃做一些象形或抽象觀念性的空間動作。譬如用手在空中劃大小圓弧、畫一個大蘋果的形象、做一朵花開花的過程、做長短高矮的觀念等，本活動可配合韻律的教材（見本系列第四册）實施。

3. **身體外延物**：（一歲以上）人用智慧發明及使用很多身體外延物以伸展到超過自己軀體可達範圍。在生活中我們可和兒童做這一課題下的練習遊戲，教會他使用機智。例如：用掃帚棍棒之類東西去取滚到床底下的玩具、用小板凳墊高去取高處的物件、蒙着眼睛拿一枝棍子像瞎子走路一樣、晚間熄燈（或停電）後用手摸着牆緣及用脚拖着地板走路（也可在體操室內做成一個教案）等。

**4.鑽隧道：**（一歲半以上）在建築置物場的大水渠管、公園的小樹叢、坐椅底等角落，讓孩子盡情玩鑽洞遊戲（成人需謹防危險）。常做可減少恐懼心理。（圖㉔）

**5.過橋：**（二歲以上）在街上走路散步，很多兒童見到矮牆、獨木橋、躺在地上的樹幹，一定要嚷着在上面行走。也有些兒童比較膽小，不要勉强，可以扶着他爬行以壯膽色。在家也可以板條架在椅子上做「橋」。對膽小的兒童可以把「橋」先放在地上，令其行走，再慢慢架高，以減少其心理害怕的程度。

**6.桌椅遊戲：**（一歲半以上）在家長的照顧下，讓兒童把桌椅翻轉斜置，搭架成各式各樣的空間造形遊戲，是很好的想像造形裝置活動。（圖㉕）

**7.紙箱遊戲：**（一歲半以上）大型的包裝紙箱或竹籐箱都是孩子們很好的空間造形遊戲工具，他們自然會想像出各種多姿多采的佈置。

**8.搭房子：**（一歲以上）搭一間可以玩的房子，佈置一些積木傢俱，抱着洋囡囡玩家家酒，眞是孩子最樂的遊戲。搭房子可用現成紙箱剪出窗口、摺出扇門，或用木棍做支架，糊上瓦楞紙，做成帳蓬一樣的房子。還有現成的工具如晒衣架、家庭用開合梯等，把大毛巾、被單及毯子搭架其上做成房子背景。（圖㉖—㉗）

# 提要

## 第2篇 立體造形教育

本篇由生活及創作的角度提供百種立體造形的活動及教材。是異於照模樣工作的勞作教育或工藝教育。生活周圍的材料及現象都可神奇地創造「生產」屬於自己的立體造形和想像的世界。

# 第四章 創作性的立體造形教育

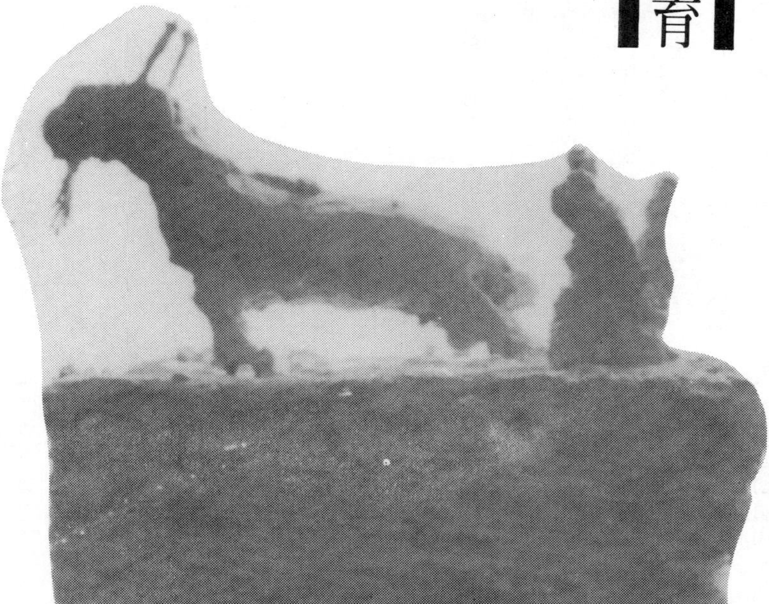

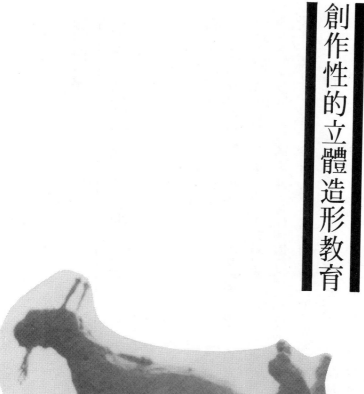

# 第四章

## 創作性的立體造形教育

本章的立體造形教育是比較注重材料和技術的製作。兒童對象也是較爲年長者，原則上是四歲以上至十歲的兒童，有少部份也可供給幼兒使用，只因爲和材料及技術的分類有關，所以將其編入本節。做這些教材的指導，最好能因時因地把自然界生物或文明產品的立體造形介紹給兒童認識，以揣摩其造形及結構，作爲兒童創作想像的資料和靈感。用圖片、幻燈片，或帶到博物舘及某產品工場（如陶瓷工場）參觀研究，是很有意義的活動。

自然界有很多令人驚嘆的造形，其構造也很巧妙，實在足以做人類文明產物的借鏡。例如骨骼的結構、樹皮的表面、多菇肉的表面縐紋、海棉的形狀、蜘蛛網、熱帶魚、海底動植物、羽毛、獸皮……用放大鏡來看都有多姿多采的面目。我們把本章的教材按構成方式劃分爲四節，即(一)浮彫單元，包括物體表面的刻劃加工，產生造形質材的陰影效果者。(二)塑造單元，以加工、揉塑或組合成爲有立體體積的造形者。(三)構造單元：以相同或不同元素組合，彼此發生力學關係的造形者。(四)編織單元：基本的編織造形。(圖78—83)

## 一、浮彫單元

就加工方式可約略分爲表面加工及鑲鉗組合兩種，前者是以彫畫原則加工，使表面局部被壓挖或被刻蝕部份做成陰影立體效果，有很多平版式的浮彫又可作爲拓印版使用。所用的工具當然不只是彫刻刀而已，凡是一切能使物體表面產生陰影質感的工具均可。譬如沙紙的磨粗、梳子的拉刮、紙摺的縐紋、化學藥水的侵蝕、材料表面的壓逼等會產生各種樣子的質感。玆舉多種教材於後：

### 表面加工部份

**1. 沙彫**：把沙裝一餅乾罐內，加水壓緊掃平，用手指、小刀各種小工具及有深槽陰影的物品

（如貝殼、圖章、螺絲釘、積木、玻璃彈珠、鈕扣、小剪刀等）在沙上壓凹槽；此外也可用有鋸齒之塑泥刀、扒泥鋤在沙的表面上拉出軌道痕跡。刻槽時可敎兒童刻出一些圖案對稱花紋。（圖84—85）

2. **泥彫**：同前敎材之工作過程，但因泥質較細滑，可用較精細的工具來壓刻，此外，也可用泥丸泥條貼上。

3. **石膏彫**：以沙或泥按前二敎材之工作過程做成石膏灌刻的胚胎。用木條在泥板的周圍圍成四邊形的邊緣，便可倒灌石膏。石膏粉可在美術社購得。把石膏粉適量和水至膠狀濃度，便可以灌入泥模，和水後的石膏漿必須迅速倒入，否則很快便乾硬。灌前必須在模子的表面先塗抹一層食油，使石膏與模子容易分離。如果用螺絲釘、貝殼等物在泥板上壓成凹縫做石膏模板，倒灌出來的石膏浮彫是凸出的陽刻；如直接把螺絲釘、貝殼等物放在沙、泥板上倒灌石膏，浮彫便成爲凹下的陰刻。用石膏倒模也可把兒童的手掌放在其上印出，但要在石膏快完全凝固前才印，印得太早、石膏溫度會過高。此外，也可把灌好的光滑石膏板給兒童用釘子、起子及木鎚在其表面刻槽。（圖86）

4. **蠟彫**：可買現成的蠟燭選直徑稍大者，讓兒童用釘子在其表面刮出花紋，然後用油性簽字色筆塗上色彩成爲很美的「花燭」。把蠟加熱倒在一小碟子裏，也可把手掌刻印其上。（圖87）

5. **薄鋁片彫**：百貨商店用來裝飾的有色薄鋁片是比家庭用的保溫銀色錫紙稍厚硬，適合兒童用來壓刻成浮彫。薄鋁片有少許金屬質的軟靭性，可以壓在銅幣、沙窗網、收音機擴音器的表面、梳子的表面，機器用品、凸出的招牌字母、貝殼表面、圖章、鐵製水溝板有凹凸的表面、有凸花瓷磚地磚的表面、及玩具的表面等等，凡是硬質有凹凸不太高的表面均能在鋁片上用手甲或筆桿刮壓成浮彫，是很有趣的教材，刮好的圖形每個單獨剪下再貼在白色畫紙上。老師指導時也可教兒童把被壓的物品浮彫組合一下，使成爲圖案。當然，也可直接用原子筆在鋁片上壓圖案花紋。

**6.紙彫**：厚圖畫紙也可用同前案的方法壓成紙浮彫，只是浮彫凹凸沒有像錫紙那麼明顯。不過，紙的表面加工又是一個很廣闊的領域，紙的表面有毛質纖維，很易加工製造各種浮彫效果。可以用鎚子敲、用釘子戳洞、用小刀刮痕、摺揉成縐紋再裱平、有規律的切割縫線成爲陰影圖案，或潤濕紙質後壓刻成浮彫。原則上紙的表面加工可以給兒童足夠工具，教以圖案式的構成，會做出很好的浮彫。（圖88—89）

**7.銅片彫**：利用空罐頭的銅皮，剪成各種形狀，如星星、小鳥、小娃娃、樹、蘋果等（由老師用特別鋒利的鐵剪預先剪好形狀可以引導兒童容易工作，當然，對年長的兒童也可讓他自己設計形狀，自己試剪）。讓兒童用粗釘小鎚把銅片墊在木頭上鑿出點狀釘印線條（釘尖可預先磨鈍一下）。這些釘印點線原則上作爲銅片形狀的邊線、分割圖案及其他細節的線條等。鑿好點線後便可以油性色筆塗色，塗上的顏色是透明的，把銅片的光澤顯現出來，非常好看。（圖90）

**8.普利龍彫**：以細號水彩筆沾小量香蕉水（油漆溶劑，油漆店應有售）當作刻刀，在白色的普利龍板上寫畫，香蕉水所及處馬上會產生凹槽。用此方式不但可以刻蝕線條，而且也能刻蝕塊面。老師可教兒童先把要刻的圖案先在紙上設計好再刻蝕，刻蝕後尚可在凹凸面塗廣告顏料。（香蕉水的揮發氣不宜吸入，本教案只適合年長兒童）（圖91）

## 鑲鉗部份

**1.餅乾拼圖**：餅乾的造形很多，有長方形、圓形、四方形、橢圓形及各種動物卡通形狀，表面還有各種花紋及刻槽。可讓兒童以果醬、蜂蜜當作漿糊，把餅乾黏貼在有色的海報紙上或旅行用硬紙碟上，還可以利用動物造形加上牙籤編貼成一個故事成爲鑲鉗畫。本教案尤其適合幼兒，可邊吃邊做。（詳見示範教案實例：「餅乾積木」）（圖92）

**2.拼豆子**：紅豆、綠豆、黃豆、瓜子、玉米乾、八角、胡椒粒、薏米、米粒、丁香粒等乾豆及香料粒，形式甚多，適合用來做鑲鉗拼圖並可教兒童認識各種農作品。拼盤可利用小鏡子、瓷磚、皮料、鋁片或剪成各種形狀的硬卡紙；黏貼材料最好用白色的冷膠樹脂。老師或家長指導兒童幾種圖案法則，像同心圓、對稱、螺絲、對角等的排列方式（見本系列第二冊圖案單元）排成美麗的拼圖，穿線懸掛起來。拼圖的範圍很廣，也可拼成一個人像、一顆樹等。（圖93—95）

3. **鑲馬賽克**：到建材店去索取樣本或購買馬克零碎片，一個個小方塊可以拼成很多漂亮的圖案。我們也可教兒童用來鑲鏡子邊、鑲畫框邊、鑲塑膠用的紙屑簍等。也可用合成樹脂調沙做成泥漿，鑲鉗小石子、貝殼等。（圖96）

4. **烤餅拼圖**：如果家長和老師自己會烤餅，和孩子們一同做烤餅拼圖，是大人和小孩都會高興的教案。如沒有烤爐，又不會烤餅，可以買現成的餅乾來做拼圖裝飾。需要的拼圖材料是：食品顏料、各式各樣的小糖珠（有銀色、巧克利色及花綠顏色，愈小愈好）、果醬、蛋白醬等。食品顏料是有色，像花紅粉之類的粉末，和糖粉一起加水，調成稠濃的顏色漿當漿糊，糖珠可黏在烤好的餅乾上，顏料漿乾後便會變硬。（圖97—98）

5. **鑲鷄蛋**：鷄蛋打小孔，把蛋黃蛋白倒出後，便可在空蛋殼上鑲鉗珠子裝飾了。把有顏色的小珠子穿成四串以上，每串約有蛋殼長直徑的長度。珠鍊穿成一串串後便很易用膠黏在光滑彎曲的表面上了，也可把一大串廻轉整個蛋殼或把一小串捲成一個圓點黏在蛋殼腹中。有洞的尖頭插入小鐵絲縛起小索或絲帶，便可吊掛在空中了。此外，鷄蛋亦可用色紙剪貼做成不倒翁、金魚等造形。（圖99—100）

6. **香料拼桔子**：柳丁或桔子可用剪刀或小刀在其表皮上刻一些小圈圈，然後用八角、乾丁香小花等香料一排排的、一圈圈的揷在桔子皮上，再用絲帶吊掛在空中，香味滿室。

**7.毛線**：毛線的色彩很多，粗細都有，可以隨意捲曲，適宜做拼圖。我們可選用有色帆布，或到織繡店買空的錦旗做底，用合成樹脂把毛線黏成拼圖，隨意創作成人物、飛鳥、索子、動物、房子等。這教材很容易操作，是立體的繪畫造形。（圖⑩）

**8.紙條拼圖**：過年及婚嫁張燈結綵散花用的有色紙條（每卷數公尺長，每條一、二公分或半公分寬），可以隨意的垂直、扭曲、散開或捲曲，把紙條邊黏在有色海報紙上，成爲浮彫圖案或人物動物造形。這些有色紙條彩帶也可向印刷廠當廢紙邊購得。

**9.紙筒拼圖**：家庭用的厠紙捲、錫紙捲、塑膠紙危的卷軸都有一個硬紙筒。可以鋸成一個高低不同的紙圈，有大有小的拼起來，黏在一張硬紙板上。

**10.廢物拼圖**：以圓木棍鋸成的圓木片及木塞、瓶蓋、廢布、羽毛、銅幣小螺絲、鐘錶舊零件等小東西也可組合成拼圖，做出美麗的立體浮彫。（圖⑩—⑩）

## 二、塑造單元

塑造的加工方式大概有六種：

·其一是可還原的加工，將已存在的造形僅加以變形的安排，譬如人體四肢、肌肉、枕頭、被單等，變形後又回復原來造形。
·其二是揑塑加工，把不具形式的材料（如石膏、黏土、摺紙）無中生有的揑揉創造出一個造形。
·其三是切割加工，將已具形式的材料加以損破、切割、分離而成一新造形，像菜果、普麗龍、木石彫塑之類。
·其四是單元選取及組合。
·其五是原形濃縮卽以包紮方式加工，使原造形强調、濃縮及清澈。
·其六是表面加工及賦彩。

當然，很多立體造形的製作是綜合多種加工方式的，尤其是廢物造形，創作完成的作品眞是多姿多彩。至於接合材料則可用漿糊、合成樹膠、牛皮膠、釘子、鐵絲、膠帶等。本節的教材是按材料分類的，指導者對加工製作的可能方式融會貫通後，將可發現更多的材料來指導創作。

## 身體造形

1. **面部**做鬼臉：是兒童最喜歡的玩意兒之一，此種遊戲本來是原始戲劇的創作心理，扮鬼臉表面是要別人害怕，其實是自已畏懼神經的情感發洩。可鼓勵兒童照鏡子自做面部造形，當然做出來的也許不一定都是醜怪的鬼臉。本敎材的指導必須特別注意兒童心理的反應，尤其敏感的兒童，不願做鬼臉的不要勉强，怕被人嚇的要加以保護及制止過份擧動。最理想的辦法是指導者要全體小朋友先扮鬼臉來嚇老師，老師裝着被嚇倒的樣子讓小朋友在他身上爬。如此，遊戲便會有一個好的開始。還有，注意勿讓敏感的孩子對鏡扮鬼臉太久，否則會增加恐懼。扮鬼臉除了把面部肌肉、眼皮及嘴邊歪曲、拉扯之外尙可有下面的方式：（圖⑩⑥—⑪）

- 用橡皮筋分割面部。
- 用樹葉遮掩局部。
- 用花生殼及樹葉、花瓢來黏面孔。
- 用玻璃板壓面孔。

2. **四肢造形**：軀體四肢造形的變化之多是意想不到的，人的動作可以做出各種表情、舞蹈、雜耍、體操、機械操等，人體動作變化已爲人類的文化寫下了光輝的一頁。對兒童的軀體造形，應以具體形象及幾何圖形的指引爲主，動植物的形象是兒童最易親近的榜樣。除了軀體四肢的直接表現外，尙可以覆蓋包紮的方式或影子方式來更淸澈的刻劃身形，其中手影是大家所熟知的。下面是一些可供嘗試的濃縮加工：（手影做法請參考本系列第一冊）

•以被單包裹覆蓋。

•以大張塑膠布（透明或不透明）、尼龍綢布約七、八公尺見方包裹多人或數人身體做海浪、活動人形彫塑等造形。

•以大紙袋、大布袋、大塑膠袋套全身造形。

•以照射燈照射身形，映到白色牆面背景上做身體造形或手影。同時，用單人或雙人配合的動作尚可做注音符號的造形。

四肢造形最好能配合音樂的韻律來做，指導者引導兒童做被單或塑膠布的造形時，可以啓發其想像的形狀，以提高他們的興趣及減少被蒙蔽全身的恐懼心理。（圖⑪²—⑪⁶）

## 雕塑

彫塑是一種無中生有的自由創作，像繪畫活動一樣，具有很廣濶的表現形式，比較能產生藝術價值。兒童將生活的感官經驗，視覺和觸覺的資料，心手協調，手腦並用，「具體」地表現出來。一般來說可彫塑性的材料非常多，工作技巧也各有不同，應該讓兒童嘗試每種材料的性質及工作程序，以養成使用創作媒材多樣性的習慣。工作的技巧，除了有些要做加水落漿或和麵的準備工作外，一般有三個構成原則：

•一是揑挖，卽以大塊可塑材料就原來形狀擠壓或拉長，揑成一個立體造形。
•二是彫切，卽以原來非可塑材料加以割切或彫鑿，構成一個立體造形。
•三是添組，卽以小件材料單獨加工再互相添組成一個立體造形。添組是較具綜合性的構成原則。

至於單獨加工，方式很多，有揉、揑、搓、壓扁、滾平、扭曲、模壓、模切等；而表面加工又可用不同的工具刻紋、挖洞、勾剔、刮平、擦滑上色甚至燒窰等。

以上所述的構成原則是適合幼兒及學童操作，至於正式的陶瓷製作技巧及尚有使用旋轉台拉胚塑造的操作過程，不是本書的範圍。指導者如對彫塑無經驗，只須把材料及工具購齊，再次詢問售貨員有關製作一般常識，自己先加以嘗試。按着前述幾種構成原則來指導兒童，加上自己的想像力，是很容易成功的。下面就材料的不同性質略述製作及指導方法。

1. **陶土**：指可以燒窰的陶土，有紅、白兩種。白陶土比紅陶土貴，兩種均可上釉。釉形呈粉末狀，滲水卽可使用。如果徵得陶瓷廠或高等藝術專科學校同意，願意接受少件陶土代做燒窰，是最理想的。上釉前後通常要經兩次燒窰手續，陶土揉塑完畢，在室溫內陰乾四、五天後便可送去燒窰。如小件作品當天尚未完成，要以濕袋覆蓋，翌日繼續工作。不燒窰的陶土作品極乾後會產生裂痕，保存不美。不過讓兒童工作，如果用量很大，是最便宜的可塑土。陶土適合幼兒工作，一歲半便可開始讓其嘗試。當然，他還未能塑造出任何形象，但至少已能對材料產生興趣，一般幼兒已能做出搓小泥丸、小泥條及戳洞壓打泥塊的動作；他最愛的是做小塊撕取的動作，像撕紙一樣，把陶土拈出一小塊一塊，像老鼠糞一樣。家長陪他工作時，教他揉泥丸及打泥塊，要圖文並茂地用聲音伴着動作，幼兒便會興趣勃然地跟着聲音工作。如他把陶土放進嘴裏，不必着急，他會很快的發現不能吃而吐出來。除了土外，另一種較軟的材料是蜂蠟，幼兒揉捏時手指有溫度，蜂蠟便變軟。年長的兒童可以用塑、用泥條捲疊交叉、扭轉等方法工作。（圖⑪⑦—⑫②）

**2. 油性化學土**：是不會乾的油質可塑材料，有多種顏色，性較黏土硬，不適合三歲以下的幼兒捏揉。指導時，每次最多給予兩種顏色，以免多種色土相混至灰濁，對製作沒有幫助。（圖⑫③—⑫⑥）

**3. 紙黏土**：這是一種不燒窰的塑膠土，比油性化學土便宜，商品有粉泥狀及已滲水凝固成泥狀兩種。後者可以馬上使用，打開包裝經製作後，在空氣中乾燥變硬，乾後不生裂痕，表面無泥粉脫落。乾後，可以再鋸開，鑽孔，磨光滑，可以用合成樹脂互相黏合，最後塗上油漆、塑膠漆、及上亮光油。作品看起來雖不像陶器也像紙糊工，而且乾後便不怕水。紙黏土質軟，也適合幼兒工作，除了捏塑構成立體造形外，尚可利用現成的各式瓶子、煙灰缸、玩具餐器等來做骨架，將紙黏土壓成薄層包裹器具表面，借原來形狀做成紙黏土造形。此外尚可以紙張揉成一小球，內包數粒重螺絲，然後敷上薄層紙黏上，做成不倒翁。依此原則，可以任何現成物來做骨架包裹紙黏土，一方面可節省紙黏土，一方面可憑骨架造形幫助構想。對於三四歲的幼兒來說，有的初做捏塑只會做泥球及搓泥球，見不到成績可能會漸失興趣。令其用塑膠土包小件的器具（如匙羹，剪刀，玩具餐器），以包裹後仍能顯出原形的原則爲條件。如此可以很快讓他自己看到成績——做出「像樣」的東西。（圖127—129）

4. **橡皮化學土**：是外形類似油性化學土，比較昂貴的新產品，有各種現成的顏色，做妥造形後可放入家庭用的烤爐低溫烘硬。溫度要按說明書控制妥當，否則過熱過久會膨脹成焦炭橡皮泡，這種產品在國內未見出售。

5. **石膏**：以石膏來塑造是比較困難的工作，只適合六歲以後的兒童。簡易的兒童石膏塑造技巧有兩種可能性。一種是用鐵絲鐵釘固定在木板、普麗龍板、軟木板上，綑以鐵絲、繩子、毛線，做成骨架，給兒童石膏粉一面滲水一面敷抹，做成立體造形，敷抹時速度要快，因爲石膏會迅速乾硬。（詳見示範教案實例：「塑石膏」）另一種簡易技巧是倒模造形，利用現成的軟塑膠玩具（洋娃娃頭、小鴨、橡皮球、小瓶子、水管等封閉的易剖的塑膠玩具）剖開一條裂痕並在內壁塗以肥皂水或食油，將滲水調妥的石膏漿灌入，待硬化後便可開模將石膏像取出。注意塑膠玩具模要夠軟，剖開線要夠大，否則石膏像不能取出而要將整個玩具撕壞。以此原則，亦可用薄塑膠袋倒灌石膏，趁未乾前將

塑膠袋捏揉成一個立體造形，等待變硬。（圖130—131）

6.**紙糊**：紙糊有兩種做法。一種是紙漿糊塑，將舊報紙或衛生紙撕碎在稀漿糊中揉浸至飽和，一小團一小團的堆揉黏合起來，大件的造形及枝節尚要用鐵絲、木條等先做骨架，做好後晒乾會變得很硬，表面疙瘩質感很像泥塑或銅像。乾後亦可上色噴漆，是既便宜又簡便的材料，也適合幼兒工作。另一種是紙片糊塑，以鐵絲網彎曲修剪或用鐵線、竹枝紮成支架骨構，以大塊紙片，一片一片的指漿糊貼上，愈貼愈厚，像廟宇旁的紮紙舖的做花燈，做冥樓工作過程一樣。還有一種簡易的紙片糊塑方法，可以省卻骨架的建造手法，就是利用現成的玩具或水果（蘋果、木瓜、檸檬、香蕉等外形顯著的水果）當做骨架，糊上紙片。用水先糊第一層，第二層就用稀漿糊將紙片糊上四至五層，待晒乾後將紙殼切開，把水果或玩具取出，再把切縫糊上數層紙片，乾後便成紙皮造形了。此外，如果要做圓弧狀的骨架，可以把圓形或長形的氣球吹起來糊紙片，可以做弧形的面具或動物身體，再用紙杯加四肢及耳、目、嘴巴便成。（圖132—142）

7.**烤餅**：如果有烤爐，可用麵粉烤一些簡單餅乾，買現成的模型或自創造形，烤完後可塗上果醬、巧克力漿及彩色糖漿，做出來的立體造形可以吃，是孩子們最喜歡做的。

8.**普麗龍造形**：普麗龍是一種隔熱保溫及防震材料，厚片要用溫度線鋸來割切，薄片可用日本利刀割切，普麗龍製品有專為裝飾用的，有大小球形、圓棍形，也有一些是包裹防震用的碎片，像小蟲形、蚯蚓形的，可以就地取材，切割挖鑿，黏合成車子、小娃娃或房子等造形。新的普麗龍產品尚有較結實的屋頂隔熱建材，英文商名 ROOFMATE 是此種新產品的纖維細密，像臺灣的商名珍珠板之類，用刀子切割時不會像普麗龍產生小泡球脫落的現象，表面還可用細沙紙摩得光滑，可做出很精緻的造形，建築師事務所常用來做建築模型。學校尚可以買一部簡單切割機（約一千之臺幣），預先把大塊大片的普麗龍板切成多種形狀，讓兒童自己選擇組合造形。（圖143）

9. **樹根造形**：樹根盤旋纏結，枝節交錯，可以修剪局部樹枒在底板上做成自然的立體造形。通常被荒棄的樹根可以在山林中找到或在都市裏遇到拓寬馬路移植或斬伐樹木時拾獲。（圖144）

10. **樹枝造形**：多季到郊外旅行，可以撿拾很多枝枒，帶回家加以修剪，以沙紙除垢，塗上油漆或快乾漆，樹立並固定在底板上，普麗龍板上或挿在花盆裏。在樹枝上還可掛上有色紙條、碎布條、掛上餅乾、小吊飾，成爲一棵棵童話裏的餅乾樹、魔術樹、黃金樹。（圖145—146）

## 紙造形

1. **幼兒紙工**：幼兒滿三歲便可以教予簡單的摺紙造形。在這個年齡，他已能聽懂成人的指導，具備有目的的學習能力。幾個基本的造形是可以嘗試的，不過還不是眞正的「摺」，而是「揉」。譬如長方形的紙，把兩末端揉在一起便成一條小舟，把兩端三分之一左右的地方揉在一起便成一條魚，把紙前後平行覆摺成「樓梯」狀或「洗衣板」狀，或乾脆揉成一個個紙球，捲成一條條喇叭及吸管等，都是幼兒很容易做到的練習。另外也可讓幼兒撕紙條，隨意彎曲交叉成曲線面的立體造形。（圖⑭—⑭）

2. **幼兒錫紙工**：是適合幼兒也適合兒童，做了馬上見成績的練習。原則就像前述以水性塑膠土包捏玩具器具一樣。只是更容易工作。用錫紙來包造形比較顯明的器具如：剪刀、鎚子、小杯、匙羹、小藥瓶、小鞋子等。用錫紙包東西不必黏貼，其趣紋自然吻合器具外形。要求兒童包捏時儘量注意使器具外形顯露，慢慢在錫紙表面來回、摩擦、壓捏。此外，用錫紙包裹紙圈、鐵環可做成漂亮的手鐲。把錫紙揉成一個個小珠小丸，用針線穿起來，便成錫珠鍊。（圖⑮—⑮）

3. **面具**：面具的造形有很多可能的形式及可利用的材料，是最使兒童興奮的題材。有些面具做來當面罩戴，有些做來套頭，有些做來裝飾，玆把可能形式及做法分述如下：

- 平面具：以厚圖畫紙剪好眼孔，繪畫口鼻及塗色，以橡皮筋連接細繩戴在臉上。
- 紙袋面具：裝鷄蛋紙袋，用鈕扣當眼口鼻，用毛線及紙條當眉毛、頭髮貼上，套在手上演戲或開眼孔套在頭上。也可用大型紙袋做好套全身，在眼睛及肩膊處開口，當衣服一樣由頭套到脚。紙條可用螺旋式剪法，剪出來的「彈簧紙條」像卷髮一樣。（圖⑮—⑮）
- 紙盒面具：以紙盒大小可以套在頭上者為面部材料，再黏上紙卷筒（當鼻子）、火柴盒當眼睛嘴巴、大圓形積木或鈕扣做眼睛及鼻子，毛線、紙條、木塞、鐵絲做頭髮。做出來像機器人一樣。做來裝飾懸掛者又可應用小型紙盒做面部基礎。一方面黏糊；一方面上色。（圖157—159）

•頭罩面具：用廢布開兩個眼孔，整大塊套在頭上，在頭部用繩索輕輕細結，很有戲劇味道。

•局部面具：剪成眼鏡形、三角形、或做一個高鼻用膠帶雙面貼在臉上，像外國的化粧舞會，使人認不出原來面目。（圖160—163）

•繃帶面具：買裹傷用之繃帶剪成很多小方片，糊上石膏漿，可以把兒童的面部拓成面具。首先用凡士林膏把面部塗抹，眼眉及睫毛要厚塗以免石膏漿住。把一片片的繃帶沾透石膏漿敷在面部，敷時也可把眼睛留兩個洞，鼻孔處可留一大洞或二小洞透氣。每個部份敷上兩三片的厚度，稍待片刻，石膏變硬（石膏會散微溫），就可取下。用薄棉紙漿糊再黏貼一層就可自由上彩，就做成一個自己臉形的面具。可以再上色或紙拓。（圖164—165）

4. **精細紙造形**：以紙張精細的捲成圓筒形做身體、慢慢剪成衣服一層層一件件的黏上，如有耐性，可以慢慢做出頭髮、帽子、衣服、鞋子等。做起來要講功夫，講技巧，要高年級的兒童來做才有成績。基本上，可教兒童數種剪紙技巧，如剪絮絮、剪紙彈簧、剪雙紙環等。（圖166—169）

**5.摺紙**：摺紙算是一種工藝，其造形已頗具歷史性，只適合七歲以上學童工作。依照一定的摺法來工作是要求相當的學習能力及記憶。除非對摺紙手工已到融會貫通的地步，通常是不容易有創作的機會。其摺法不下數百種，指導者可自購摺紙專書參考。

**6.做紙花**：用縐紋紙做紙花非常美觀簡單，式樣繁多，玆舉二種簡單的做法。原則是將花紙或縐紋紙摺疊後剪成片狀或條狀，下部不剪斷。捲起來把下部紮緊，上部拉開便成花朵。（圖170—172）

**7.包紮造形**：和錫紙工的原則相同，用舊包紙及細繩來包紮大件物件也是立見成績的精彩教材。椅子、水壺、提籃、電風扇，甚至腳踏車都是造形很顯著的物件。要求兒童把物件的每一部份都包紮起來而又能顯出原形的特徵。幫助他們打結紮緊。做出來的作品是大件比例的，活像一個彫塑。如果大家的興趣夠濃，也可以試試用報紙把老師包起來，變成一個會說話的塑像。（詳見示範教案實例：「包東西」）

## 布料造形

**1.手帕造形**：手帕及頭巾是家庭的生活創作材料之一，有很多傳統的造形已被遺忘了，有些還在日常生活中常見，下面舉幾種例子：（圖173—175）

- 在四角上打小結至適合頭部大小來當帽子戴。
- 兩邊捲起來再反面翻捲成小包袱狀。
- 用來蒙面。
- 用來做領圍巾。（打童子軍領巾結）
- 打結做布袋戲，做小老鼠。
- 兩角打兩次結做成老鼠耳朵，套在手指上做老鼠狀。

2. **枕頭造形**：讓兒童幫忙整理床舖，到整得潔淨整齊後，和他們一起用枕頭來做形，東壓西拉，看看能做出些什麼形狀？此外，用舊了的枕頭亦可以絲帶或彩色膠帶紮綑，把頭、身腳綑紮出形狀，做成烏龜、不倒翁、猫咪、母鷄等形狀。（圖176—178）

3. **被單造形**：被單可以用來包身體，蓋房子，做成船隻、動物或兩人拉着兩端在床上搖風，搖出被單波浪來。在換被單的時候要孩子一面玩一面幫忙。（圖179—181）

4. **布袋造形**：用布袋、襪子、枕頭袋塞布碎（襪子可以塞米粒），用毛線或細繩索隨意打結可做成小狗、小蟲、蜈蚣（將布袋縫成長條形，在腰間多處打結）等造形。如果襪子及布袋是舊的，可以用紙或毛線貼上眼睛、毛髮，或者由家長幫忙縫上鈕扣做成眼睛嘴吧。（圖182）

5. **手套造形**：用棉質手套可做成各種手套偶，用奇異墨水、廣告顏料或水性色筆，均可憑想

像畫出大象、猫咪、老虎、老巫婆、蝴蝶、蛇、青蛙、狐狸、白兎……等造形。(圖183—193)

## 菜果造形

1. **水果**：把蘋果、梨子、桔子切開或削皮組合成人物、動物。利用牙籤做連接關節或挿在蘋果上做成刺蝟，小葡萄乾、丁香、八角可以考慮用來做眼睛、嘴吧。香蕉皮可以撕成頭髮、小桔子皮可以當帽子、裙子。(圖194—197)

2. **蔬菜**：同樣的，蔬菜也有很多可以刺激想像力的造形。菜葉可以包紅蘿蔔做成小鳥羽毛、可以做成小裙子。黃瓜可以挖成長長的小舟、蕃茄可以切成一朶花、檸檬可以切成一個提籃。最好給孩子西式切麵包刀來切割，麵包刀刀鋒有齒，不易做成傷害。(圖198)

3. **其他**：松果乾有一層層的硬殼瓣，可以適合做女囡囡的圓裙、核桃可以當人頭用，剖開一半又可當做車廂或船身……等。(圖199)

## 玩偶造形

1. **手指小人**：手指頭、手指背、手掌都可以畫成小人用廣告顏料最適當。可以教兒童先把左手手指頭塗一層淡底色作面部，待乾後才用牙籤或細筆蘸顏料畫上眼口鼻。最後給小人做一頂紙帽子，一條裙子，每人都有五個小人，可以自己做手指小人戲。先握拳，然後一根根手指輪流「站起」跳舞。如果手掌也畫一個大頭，那麼指甲塗黑，手指彎起來便可當黑頭髮用了，然後手腕處再圍一條小裙，便成手掌小人了。當然，手背也可以畫的。（圖200）

**2.汽球囡**：把圓形、長形的汽球吹起來，一個一個的連接可做一個有關節的囡囡。吹汽球前，先把汽球尾端打一個結，以便縛接汽球用。做頭部的汽球畫上臉孔，包一塊頭巾便成汽球囡囡。連接汽球最好給兒童細鉛線紮緊，否則打結處太狹窄而難以用繩索縛結。（圖201）

**3.塞破布囡**：這是一個非常有趣的教材，兒童可以選用自己的襯衣、毛衣及褲子，先把袖口及褲腳用繩索紮緊，然後把破布、紙團或衣腳塞進衣褲，塞得緊實，便成一個大型布囡囡。現在還差頭部尚要各人自己出主意，用皮球、枕頭、紙箱做一個頭，還可以給囡囡戴上帽子、頭巾，每人都有一個跟自己一樣大的囡囡。此外，用現成衣服套在樹枝上、掃把上都可做成很好玩的囡囡或稻草人。（圖202）

**4.布袋戲**：布袋戲的玩偶是小孩最興奮的玩具之一，因為玩偶的動作可以自己操作。基本上布袋囡的頭部要有一個適合兒童手指的洞，因此頭部的最簡單做法是以普麗龍球來做。用筆桿在球底挖好一個小洞後，捲一小卡紙筒插入洞內黏緊當作頸部。當然，頭部的造形不一定要圓也可用小紙盒、紙團、火柴盒或卷式衞生紙的硬紙軸來做。面部造形可以讓兒童用廣告顏料畫出；或以水性塑膠土或紙漿捏成立體的面孔，口、鼻及顴骨都可以强調突出；或像做面具一樣用紙團、小珠、鈕扣來做五官。至於頭髮，則可用毛線、繩索、兎毛黏上。此外各色各樣的帽子也可以創作了。頭部完成便可用破布剪裁衣服了，衣服上又可貼上金色鈕扣，畫上衣紋圖案。布袋戲眞是一種綜合式的立體造形，幾乎用到各種材料。（詳見示範教案實例：「布袋戲」）

5. **木偶戲**：木偶的操縱通常是用尼龍線把手腳頭吊在一個手架上，以手輕輕側搖手架，木偶的手腳便會擧動。木偶的製作較布袋囡囡難，因爲手和腳的肘部及膝部關節要做出來。大概要有八歲以上的兒童才有能力做，這裏介紹一種比較簡單的做法，用西餐木製的長匙羹來做人頭，以竹筒（毛筆套）或筷子木條做手腳。竹筒及木條鋸斷成適當的手腳長度，以鈎釘做木條的關節，或以粗繩穿竹筒，在關節處打大結，再把手腳固定在木調羹的柄上，然後結上適當長度的尼龍線便成。尼龍線的長度要試幾次才能確定，將其縛在一個十字架的筷子木條上，中間吊頭，兩端吊手便成個可以動手的木偶了。腿部可以做或不做。最後尚差衣服，做法是用方巾在中間挖洞穿過頭部，雙層摺疊的遮蓋半隻手臂及長達褲部。複雜的作法是用較粗的木條做身體四肢，包上衣服及手袖褲管。（圖203—204）

6. **口袋囡囡**：主要的造形是將囡囡頭用細木條揷在一個漏斗形的紙殼上，以寬口的裙腳固定在紙殼的邊緣上，木條在漏斗洞中上下伸縮轉動，口袋囡一會兒躲在漏斗內，一會兒鑽出來。木條轉動，口袋囡也跟着搖頭，是蠻好玩的造形，製作也簡單。不過指導者須要代兒童把寬口裙的大小剪好及協助做一個紙漏斗。紙漏斗的表面則可以再貼色紙及畫圖案。（圖205）

**7.爬行偶：**用棉手套（臺北後車站華陰街塑店有售）上彩，此外，亦可利用姆指、食指、無名指、小指做動物的腳，以中指套上動物的頭部面具便成可以走路的動物，四隻腳的手指可以做動物走動狀。（圖206）

## 雜物造形（詳見示範教案實例：「撿破爛」）

**1.鐵線造形：**鐵線也是可塑材料，可以彎成平面浮彫圖形或立體造形。基本上，並不難工作，只要有耐性的彎來屈去，慢慢便會彎出一個形狀來。只是立體的鐵線造形不容易站穩，指導者須要幫助修正枝節長短位置。鐵線有粗有細，視需要及能力而選取。鐵線的關節可以細鐵絲紮緊或由老師幫助以銲錫銲接。鐵線造形的變化又可以筆桿或掃帚棍來捲成彈簧圈，使鐵線有了「體積」。此外，立體的鐵線造形尚可加上棉花、毛線或布條綑縛，做成動物、樹枝，使造形不致只有骨架的感覺。（圖207—209）

**2.紙盒造形：**西藥的紙盒大小種類繁多，還有一些圓筒狀的洗衣粉盒、牛油盒，可以利用組合成機器人、房子、汽車、火箭。紙盒的黏貼固定非常方便，合成樹脂便可解決。平面與圓筒接

觸處較難固定，可用膠帶協助綑黏。當然，紙盒造形尚可配合木塞、鈕扣、毛線、小珠子、破布等雜物組合。（圖210）

3. **木頭造形**：可向木匠店便宜購買廢木零頭，大小形狀種類非常多，是很好的造形積木。有些木頭表面須用沙紙磨滑，有些可以鋸斷爲二折，可讓兒童痛快的造木工。木頭的接合也可用合成樹脂或釘子。木頭的組合可以不必要求具象的，讓兒童釘釘黏黏及塗塑膠漆，盡情地工作。此外，舊木屐、乒乓球板、木條也可利用。（圖211—214）

4. **紙箱造形**：大型的紙箱是用雙層的波浪紙板做成的，還算堅固，可以用來堆成房子，分層分隔，或做大型的汽車、或改裝成椅子桌子、或佈置成一家賣東西的商店，在學校裏，也可以大家動手合作用波浪紙板做成架櫃，擺置大家的作品。

5. **瓶子造形**：洗頭水、「養樂多」及藥瓶，有很多是用塑膠做成的，黏貼組合簡便，可以多多利用。此外，塑膠瓶子是很好的現成玩偶身體，只須用普麗龍球做人頭，架在瓶子上，再做衣裙便成。

6. **鐵釘造形**：用無數的鐵釘釘在平板上、釘在木頭上，是非常過癮的工作。（圖215）

7. **紙杯造形**：野餐用的紙杯或塑膠杯非常便宜，可以嘗試組合，例如串成一條大毛蟲，做一個杯子塔、做玩偶的帽子等。

8.**水管造形**：水管有點像大型柔軟鐵線，可以彎來彎去，用繩索及鐵絲紮緊。把粗鐵線塞到水管去還可固定水管的彎曲形狀，隨心所慾。（圖216—217）

9.**鐵罐造形**：日常用品鐵罐很多，形狀也有方形、圓形的，可以作做多組合。用鐵罐可以剪開口縫做成燈籠、車輛、火車等。（圖218）

10.**鐵皮造形**：把鐵罐剪開，用一塊塊的鐵皮，發揮想像力，可以剪成馬兒、長頸鹿、八爪魚、小丑……等造形。工作時必須注意鐵皮切傷。（圖219—220）

11.**石頭造形**：在海邊檢同來的小石頭可以用廣告顏料加樹脂冷膠上彩，或用油性色筆（奇異墨水）做細紋的圖案裝飾，順着石頭的形狀，可以畫出很美的圖案。（圖222—224）

12.**保特瓶造形**：保特瓶比鐵皮還容易剪開，可以運用想像力做成各式各樣的花瓶汽船，還可以吊掛起來做成盆栽。此外用廣告顏料加樹脂冷膠尚可上彩。（圖225）

13.**養樂多瓶造形**：養樂多瓶子可以用廣告顏料加樹脂或塑膠漆上彩，畫成一圈圈的圖案或細密花紋。（圖226）

14.**肥皂造形**：方塊肥皂很適合用小刀片彫刻切割可發揮想像力做成房子、汽車、電話機、桌子、椅子、電視機……等一切接近方形的東西。（圖227）

## 三、構造單元

構造式的立體造形稍爲有別於塑造式的立體造形。構造式的構成材料通常都是單元的組合，組合時同時要考慮到造形及力學的關係。因此本章敎材的造形結果有很多是和房子、橋樑、搭架堆砌等有關的；有些則是抽象幾何的造形，與塑造的想像造形方向有點不同。構造的造形工作過程也頗有實驗性的，有時孩子堆砌東西就要堆到快要倒爲止或研究怎樣堆會倒塌，怎樣堆會平衡，十分有趣。

我們把本節分爲兩個部份來研究，即「堆砌」和「架構」。前者是和垂直重力有關的組合，後者是和關節連接及線性的張力和壓力有關者。

### 堆砌造形

1. **積木：** 積木是堆砌造形的主要材料，因爲積木的方塊造形是比較抽象及中立的，反而容易想像堆砌出意想不到的造形。積木本身是一塊塊單元，可以當作一件物件的單位來假想，一塊積木可以假想爲一個人，一隻動物，一輛汽車，一棟房子，一棵樹，如果單元連接起來又可以假想成一堵圍牆，一列火車，一條蛇，一隊人。積木遊戲是不可或缺的兒童教育遊戲。它具有實驗性、緊張性、想像性及幾何性的趣味。下面建議幾種遊戲教材，幼兒可由一歲半開始予以啓發實施：（圖㉘—㉟）

- 堆高塔：用普麗龍做或輕木塊做的大件積木至少數十塊（約20～30公分長寬，掉到腳上不會痛者壓），教幼兒堆高塔，堆到倒為止，若他愛破壞推倒也不要緊，大人自己砌自己的，砌到小寶終於也有興趣來砌。每週至少做兩三次積木遊戲。另外的可能變化是有時隨手拿到紙藥盒或牛奶罐也和他砌高塔。小塊的積木或LEGO，當然可以給他玩，但對他的堆砌學習並無幫助。
- 按軌跡平面組合：兩歲半開始可以教幼兒對積木的平面組合含有幾何的意識。方法是在地上或紙上畫四方形、三角形及圓形、鋸齒形、波浪形等作為軌跡，要幼兒把同一大小的小積木順着軌跡排列或移動。為了引發學習興趣，家長也應排列，並且假想火車、汽車在軌道上行走，一面移動，一面嘴裏發嗚嗚的車聲。
- 無軌平面組合：四歲以上的兒童可以命名及分辨幾何圖形的性質。可以開始和他做無軌跡可循的積木平面組合（即不在地上畫線）。除了圓形方形及三角形，尚可和他排倒骨牌形的，多行列的，及同心圓等圖形。用相同大小的大件積木或小件積木均可。

•牌樓堆砌：再進一步（當然也可以和前案一起實施）可嘗試較複習的堆塔練習。除了堆高，也向橫發展，並且堆香菇式的，多個組合架空，主要是要摸索平衡的條件。此外，橋樑式、楣樑式、錯開砌磚式及以積木條架一口四方形的井等堆砌亦應研究。首先用相同大小的積木來做，然後也用不同大小，並有三角形，圓柱形的積木來做，砌出城牆、牌樓、房屋。積木數量要多至數十件。

2. **堆火柴盒**：火柴盒固然可以用來當積木單元來堆砌，火柴盒的小抽屜更可以利用作爲連接成橫形橋樑之用。（圖㉓⑥—㉓⑧）

3. **堆石頭**：石頭的堆砌是可以做出想像造形的，如配合繪圖色彩面孔更妙。石頭的黏貼法是自製「灰漿」。用白色的合成樹脂加沙粒混和便成强力灰漿，接合石頭。

4. **堆鐵罐**：空鐵罐內加小石子或沙，可以增加自重而使堆砌的造形穩定。（圖㉓⑨）

5. **卡片造形**：玩舊了的撲克牌或連環圖小人紙卡，每張剪多道嵌縫，可以互相垂直嵌入堆砌，如果嵌得好可以堆得很廣濶很高。用撲克牌也可砌一棟棟樓房，只是這種撲克牌樓房很易塌倒。（圖㉔⓪）

6. **書本造形**：以書本當積木單元，可以組成花朵、星星、房子等造形，多拿一點書本，家長和孩子共同創作各種造形的可能性。（圖㉔①—㉔②）

**7. 折尺造形**：木匠用的木造折疊量尺，有相連關節，可以折來折去，造成星星、動物、傢俱及幾何圖形。由小朋友輪流做，看誰的想像力夠多。

## 架構造形

**1. 晒衣夾**：晒衣夾是兒童現成的玩具，在家庭隨時都找得到。塑膠做的衣夾顏色也多，一個一個夾起來可以做成很多有趣的造形，龍蛇、動物是最易表現的。晒衣夾不光是頭尾可以夾，還可以研究向橫的方向發展。（圖243—244）

**2. 火柴棒**：用火柴棒固然可以做很多平面的幾何構圖，再者也可以當小積木棒來堆砌方井塔、星星、及交叉架構。火柴很小，堆砌時兒童可以學習細手細腳的工作。（圖245—246）

**3. 線香腳**：家庭祭祖先的香爐揷着很多線香腳，是香枝燒完剩下的末端，通常至少有十公分的長度。線香腳是細竹枝做的，可以稍為彎曲，適合做彼此借力的結構，不必把交接處黏貼。傳統的線香造形如掛風鈴、編扇子、士兵、星星、神仙魚等已經被大都市的年輕家庭遺忘了。除了「掛風鈴」外，其他都是利用香腳互相挑夾構成的，其中「士兵」最容易做，做好後尚可用兩指拿着士兵的腳來轉動，每人拿一個「士兵」互相用「士兵」的「劍」來打架，看誰的「士兵」先散掉。這是民間的玩法。線香腳造形是一種培養耐性乃細心的工作，指導者提示香枝互挑相夾的原則，可以幫忙把香腳局部按住，要兒童把一枝香腳穿挿之前，先想一想該往上穿還是往下穿。「星星」和「神仙魚」是比較複雜的，八歲以上的兒童才有能力做。除了這裏提的幾種做法也可鼓勵兒童嘗試發明新的造形，象形與否是不拘的。（圖247—249）

4.**牙籤造形**：有一種兩頭尖的牙籤很適合做豆工，鄉下的孩子最喜歡用榕樹果來架豆工；在都市裏不易找到榕樹果，則可以買軟糖、蜜餞糖多瓜、糖蓮子及用五香豆腐干，搓成泥丸使用，更多姿多彩。工作時，提示兒童可做的架構，如遊樂場的大車輪、電線架、房屋架、帳蓬或自由架構等。工作前還必須指出一些架構的基本力學原理。例如：立體三角形（四面體）比立方形（六面體）穩定，立方形又可加對角斜撑增加穩定。這些原理都是很容易讓孩子理解的，只要動手去試驗便可。此外牙籤也可隨意折斷到適合長度使用，操作簡單。（圖250—252）

5.**餅乾積木**：餅乾可以用來當積木堆砌，也可配合牙籤做架構式的造形。餅乾暴露在空氣一二天稍變軟便利牙籤挿入。餅乾的邊緣通常有齒狀線可以利用來做車輪、裝甲車的鐵帶輪，圓球形的餅乾可以用作小鳥的身體，動物餅乾可以直接採用配合牙籤穿挿成爲腿腳、車蓬支架、馬車支架等。這是非常討小孩喜歡的教材，可以配合兒童生日會或過年節日來做。（詳見示範教案實例：「餅乾積木」）

6.**吸管造形**：塑膠吸管很便宜，可以利用來做架構的造形。譬如以三角形爲主，三根三根吸管的連結成三角形，然後再連成立體的三角形（四面體）。接點的連結材料可以取清潔煙斗用的「毛鐵絲」（用毛纖維包住鐵絲的製品），在香煙店可買到。將毛鐵絲剪成約五公分的長度，半段彎折，兩頭插入吸管中便可連接。連接多個三角形的吸管每根可以同時插入數支毛鐵絲。如果毛鐵絲買不到，可以用紙條捲成細管塗合成樹脂插入吸管，同時黏住。這教材由老師及全體兒童合作，可以做出很大的架構造形。（詳見示範教案實例：「架吸管」）

7. **衣架**：用衣架可以做一個活動吊飾。大部份的衣架兩臂均有裙子掛勾，可以一個衣架接一個的吊上，有些衣架臂勾上還可以掛些炊具、廢物，吊在天花板下，很有意思。這也是一個學習平衡原理的教材。三歲幼兒便可參加工作。（圖253—254）

8. **橡皮筋**：在軟木板上或普麗龍板上釘上大頭的釘子，以橡皮圈隨意的拉張勾上，勾成很多三角形、四邊形，年長一點的兒童可以勾出一幅圖畫。房子、汽車、樹木，橡皮筋從一個釘節彎到另一口釘子上。又，橡皮筋在手指頭上拉出多種形狀，是舊社會學童都會做的遊戲。（圖255—256）

9. **工程架**：現成的工程架玩具可以在市面上買到很多，有大螺絲、洞洞樑、滑輪、齒輪等的組合。鼓勵兒童除了按照玩具盒上的圖樣「施工」組合之外，尚可自由創作，也可向彩色相片冲印店收集一些底片的捲軸當做軸心，套上橡皮筋，可以做一組多個滑輪的架構。大積木可以用來做底板，買長釘子固定底片捲軸便可。（圖257）

10.**彈珠滑梯**：利用保溫錫紙或捲式衞生紙的紙筒圓軸多個，做成高低不同的滑梯塔，每塔的腹中開兩個一高一低的彈珠入出口，再用硬紙板或半剖竹桿做成三、四條滑梯，揷到各塔的腹部開口處，高處爲入口，低處爲出口。出口滑梯要伸入塔中頂到塔壁。彈珠至最高的一個塔經第一條滑梯溜到第二個稍低塔的入口，在塔中掉落出口滑梯，再滑出到第三個塔去，如此這般，一直滑到地上爲止。這個架構教材已經算是工藝教材了，只適合年長兒童。（圖258）

11.**活動小丑**：這是每個幼兒都愛玩的玩具，自製也不難，這也是與力學原理有關的工藝，因此也編在本節。原則上只須用厚卡紙做頭身及四肢五件東西，在大塊的頭身上打四個圓孔，四肢連接處也各打二孔，一孔用來釘住身體，另一孔用來綑結拉索。固定的釘子可以用印刷品信封摺釘，非常簡便。一個活動小丑很快便做成了。至於身體五官及四肢，可以繪畫或者黏貼雜物、毛線的材料做成立體的造形。

12.**做風箏**：利用塑膠袋、棉紙、尼龍綢布可做風箏布，利用細竹枝，去粉線香竹條做骨架。以膠帶或紙片黏貼關節固定卽成。骨架的原則必須對稱，繫尼龍線的位置必須在骨架的反面。做好後試飛調整繫線的傾斜度及尾巴長短卽可。放風箏時，要選空曠場地，逆風奔走起飛，邊走邊放長繩索，飛到一定高度就能停住穩定。簡單骨架的基本變化式樣如圖示。

## 四、編織單元

編織是一種工藝，六歲以下之兒童是不易學習的，編織的工作要求兒童很大的耐性，規律的動作可能會導致乏味。這裏介紹幾種簡單的教材，家長和老師可以嘗試，看看兒童有無耐性去工作。編織造形應不限於女孩，男孩也會有很大興趣的。

1. **織鎖鍊**：最簡單的鎖鍊是用短紙條一個個環的串連黏住環口。比較複雜一點的如圖中所示，有耐心去做也不難成功。只須要扭轉紙條幾次做一個起頭環，然後把長的一端由下而上穿到環內，做成第二環，再由下面穿到第二環做成第三環，如此這般繼續穿下去可以穿成一條長鎖鍊，不用折斷不用一個個環封口。不過穿織鎖環時要把紙條小心拉動，否則會拉斷。不過拉斷了當然也可糊接復原的。（圖259）

2. **橡皮筋鎖鍊**：單環式的鎖鍊用橡皮圈也可以連接，這是幾乎每個孩子都可以從街巷學會的玩意兒，用來做跳繩或踩高繩的遊戲。（圖260）

3. **織人字帶**：用稻草帶、粗毛線、塑膠帶絲綢來織人字帶，是最簡單最基本的帶子織法，五歲兒童便有能力記住一左一右的交錯順序。人字帶有兩帶織法、三帶織及四帶織法等，四帶以上

的順序對兒童來說已經很難記住了。人字帶的織法也可以自製皮帶或辮子。金魚、人物、鴿子、小鹿等。(圖261—262)

4. **做線球**：做兩個小圓卡紙圈(直徑視線球大小而定)，在中間剪一小洞，然後用毛線從中心圓洞穿過拉到圓周，由反面再穿過小洞，如此來回的穿梭，穿至毛線密集整張圓卡紙圈爲止。然後用剪刀在圓周邊上把正反面的線剪開，兩根線頭在兩片紙之間結死結撕開紙卡片取出，毛線球便成形。同此法也可以做線絮流蘇，只要用長方形卡紙片代替紙圈，在頂部橫綑紮實便可。這種線球做法，五歲兒童便有足夠能力。(圖263—264)

5. **織蓆子**：用毛線、乾草可織小型的餐巾。利用厚紙先把直行的線用針穿洞做成線柵，然後來回的穿織橫列的線，是非常簡單的程序，織好之後把紙片剪掉抽出便成。織時注意每橫列要扯擠得緊密。亦可以此法織圓餐巾，只要先把放射式的線柵做好，然後作螺旋式的編織。(圖265—266)

6. **織紙格**：用織蓆子的方法，可以演變出用紙做的織方格造形。用色紙先做好直行線柵，做法是用鉛筆先劃好線，每條線縫用小刀緊靠着直尺裁出，上下兩端不裁斷。橫列可採用另一種顏色，先剪成一條條紙條，寬度如直行線柵的間格差不多，然後一條一條的穿插到直行線縫上，織出來的是一張有間方格的兩色圖案。當然，也可以用多種顏色的紙條把直行線柵上下端先一條條的貼在一張紙上(不用裁線縫的方法)，然後把橫列的多色線條穿插編織起來，圖案花花綠綠，一定

更美。(圖267)

**7.自由編織**：以呼拉圈或圓形、方形的畫框做外圍編織架，收集各類棉線、麻繩及彩色流蘇尼龍絲帶，由外圈打結先固定，數人合作，穿梭打結，自由地編織，各類絲線混合，要織得細密就成什錦地毯一樣好看。此外，亦可用大網洞的薄紗先綳緊，利用薄紗的網洞來編織，有些地方可剪開成大破洞，構圖變化。(圖268—270)

**8.勾繩(翻鼓)**：這是一種在世界各民族都玩的家庭遊戲，大人和小孩都喜歡玩，在中國民間常玩的二人勾繩形式，在漢聲出版的「中國童玩」中有詳細介紹。(圖271)

**9.毛線**：如前案，也可用毛線在釘子上來回重複的勾拉，以一口釘子爲中心重複拉到不同距離的點上，可以拉出花朵、山、太陽等圖形，是刺繡的初步原則。

## 五、研究單元

本單元針對生活周圍材料，以遊戲方式去研究物性，同時兼具造形趣味，有些像魔術一般神奇。

**1.風鈴**：用竹片或筷子交叉固定先做成懸吊骨架，再繫上輕質的金屬物件或能碰撞發聲的小物件，如竹片、鑰匙串、汽水瓶蓋、果醬瓶蓋……等，加工上彩就成自己創造的風鈴。

**2.風袋造形**：到塑膠袋公司買（臺北後車站太原路有售）二、三十公尺長的管狀塑膠袋（通常裱畫店用來放卷軸。一頭打結，另一頭不斷地貫風（用動作貫入自然風或以電風扇貫入之人工風）），將一截截用細繩綁紮起來。轉折站立，很有大型彫塑的景觀。此風袋亦可兩頭打結，做成火箭一般往天空直接「試飛」，要用力投擲至空中。

**3.彩帶造形**：到綢布莊買彩色尼龍綢布（風箏市）數條，每條約十五公尺長。可以讓兒童每兩人一組牽着或靜止、或奔跑、或連續抖動，研究布與風的關係，當然老師也可加入做一些想像的遊戲。兩條布條亦可扭捲起來當竹竿跳竹竿舞呢！布條亦可舞獅舞龍，亦可包裹身體。不過做此遊戲，成人一定要在場，以防布條綑頭，發生危險。（圖272）

**4.魔術開花**：用圖畫紙剪成直徑六、七公分大小的花兒。可先畫一「花心」小圓，在圓的周圍畫成一片一片的花瓣，圓的、星星狀的長條狀的都可，但長度不可長過花心的圓心。剪好及正反面上好彩色之後，先把花瓣順着圓心邊向花心摺平。把紙花浮放在一盆水或一碟子的水上，靜觀花瓣向外張開，似魔術一般神奇。可告訴兒童這是「花心」的周邊吸水後膨脹而拉動花瓣「站立」張開的原理。如花瓣也弄濕，花瓣就不開了。可以實驗看看。（圖273）

**5.魔術字**：用檸檬汁、蛋白、白色蠟筆在白紙上寫字畫圖，這些字及圖都是無色的。寫畫完畢把畫紙墊在一張報紙下面，以熨斗加熱，無色的字畫，就被「燒」焦顯出咖啡色的痕跡了。

6.**顏色賽跑**：在咖啡濾紙的寬面底部用彩色筆畫一個個圓點，然後放置在一只有水（不必太滿）的碟子上，底部的色點吸水就會自動拉成長線跟着水份往上跑。讓兒童實驗圓點色彩的厚薄和大小，甚至顏色，看看何者「跑」得快。（圖274）

7.**火燒焦點**：放大鏡可以用來觀察昆蟲、樹葉的自然景象，也可用來把陽光聚焦成一小光點，照在報紙上灼成一個個小洞，是很有趣的遊戲。

8.**變色花**：選白色的花朵（康乃馨、白菊、丁香等花），在其尾段切一小縫插上塑膠毛細管（在臺北後車站太原路有售），把毛細管插入一杯有色墨水（可用濃水彩滴在清水中）內，有色墨水即上升至花朵變色。也可用兩根毛細管小心塞入剖開的莖部尾段，墨水分二色，亦可見白花吸水後變成二色的現象。吸水過程很慢，大約要數個鐘頭。可靜觀其變。（圖275）

9.**紙天平**：用畫圖紙摺數下，做成天平的兩臂，以圓鉛筆做支點，用膠帶固定天平的中心點。讓孩子在天平的一端放置小東西，如鑰匙、小橡皮擦、小豆子……等，另一端放小銅幣。兩端的東西均可向中心稍作移動或添架至兩端高度略爲平衡爲止。讓兒童研究「力臂」與重量的關係。（圖276）

10.**蠟燭天平**：取兩根等長的小蠟燭，尾端同時插入一根牙籤，此牙籤預先要插入一小塊保麗龍球，再把保麗龍球的九〇度方向插入一根長的熱狗竹棒當做滾軸。把滾軸放在兩只等高的杯子上調整至一平衡位置，就可開始點燃蠟燭了，可以觀察蠟燭的燃燒，那一邊先滴一次（即損失一點重量）就會向上搖一下，兩邊滴的不同，「天平」便會來回地像蹺蹺板一樣上下擺動，非常有趣。（本實驗不能讓兒童單獨做以防火災）（圖277）

**11. 滴蠟水景：**用蠟燭滴在一小碟子的水面上，一滴一滴地滴在一起，蠟滴會結黏起來，可以滴出人形、動物形等圖像。

# 第五章
# 示範教案實例

# 第五章

## 示範教案實例

本章的目的是示範把教材設計成一個教案。本書要再次强調一個成功的教案不應是一個只計較學習能力(壓力)及成果的教案，兒童藉工作活動達到自信及滿足，比計較學習成果的目標還重要。因此，有啓發性的教案是人格教育的意義重於才能教育。

教案的設計除了材料及工具的充分妥當準備外，要考慮的要點是：㈠以遊戲或生活趣味引入正式課程內容。㈡視兒童的能力及反應，照顧個別的需要。㈢教案要有彈性，視兒童的興趣及反應而改變局部過程。㈣提供製作技術及引導想像方向，給予創作的自由。㈤最後做講評及共同欣賞。

## 一、認識身體（四至五歲）

本教案也可以是初步性教育的正確實施，主要讓兒童認識自己身體的器官（尤其是隱蔽的器官），而加以愛護。對於器官機能和疾病的認識也同樣如此，要讓他們習慣以正確的醫學常識來了解事實，恐懼及羞恥的心理便會破除了。對於性器官的生殖機能，六歲以前是不必詳盡告知的，但上學以後，孩子會追根究底的發問；同時，在街上、在同學當中，他也會道聽途說的知道一點，或許是不正確，甚至是淫猥的。既然如此，正確的認識，不如由家長自己告訴孩子了。本教案的示範用一個故事的方式記錄下來。家長可以就場合而定，向孩子教育，至於內容，也不一定一次全部解釋。又，生理衞生的解釋，應借某種場合及機會，自自然然地向兒童問答式的解釋，也不必急着一次全部告之，可分次隨機講解。

### 小晶晶洗澡

傍晚，小晶晶和阿弟跟媽媽從公園回家，又跑又跳地搶着媽媽的鑰匙去開門。進門後，媽媽要小晶晶把球鞋放到門邊，不要把泥沙帶到房子裏去。媽媽說：

「把衣服脫下來，今天你可以和阿弟一起游泳。」

「呼啦！今天我們游泳！」小晶晶最愛泡在浴缸裏洗浴，因爲平時洗澡都是用花洒來冲水，熱水爐的熱水不夠多，所以媽媽難得肯給孩子在浴缸裏「游泳」。小晶晶已經四歲了，阿弟才兩歲，小晶晶跟阿弟玩起來有時還會吃醋吵架，有時卻變像個大姐姐。

媽媽還沒有完全把水調溫，小晶晶早已把衣襪脫光，迫不及待地要跨進浴缸先「游泳」了。媽媽一面叫小晶晶先到厕所去小便，一面幫阿弟把衣服、襪子脫下來。阿弟也最愛打光身，看到水也像魚一樣，靠着浴缸就想自己爬進去。媽媽把阿弟放到浴缸裏，小晶晶就開始潑水到他的身上。媽媽說：

「阿弟今天不洗頭，不要把水潑到他的身上。」

「咕咕鷄，咕咕鷄……」小晶晶一面玩水一面摸阿弟的下體要玩阿弟的「咕咕鷄」。

「小晶，不要這樣子玩阿弟的『咕咕鷄』，要是你要幫他忙洗一洗『咕咕鷄』，很快地塗塗肥皂是可以的，但不要玩來玩去。你知道，阿弟的「咕咕鷄」跟你的下部一樣，也是用來小便的，只是看起來不同樣子而已……」

小晶晶搶着說：「我知道，我知道，因爲他是男的，我是女的，他的『咕咕鷄』有一個小口袋，裏面有兩個蛋。」

「小晶晶，阿弟的『咕咕鷄』只是小孩子好玩的名稱，他以後大一點，我們要敎他說：這是下體，跟你的一樣，男的下體也是有很細嫩很薄的皮膚，我們要好好保護，像保護眼睛一樣不可隨便摸。所以除了洗清潔，不要摸來摸去。」媽媽一面替阿弟擦肥皂，一面給阿弟一些塑膠小鴨小船在水上玩，小晶晶要媽媽幫她擦背上的肥皂，然後又躺在水裏，露出頭來，用兩隻脚板來推阿弟的脚指。

冲洗完畢，媽媽先幫小晶晶把身體擦乾，然後來把弟弟抱出來。小晶晶已經會自己穿衣服了，她一面提着小褲子一面問：

「媽，爲什麼女的下體沒有口袋也沒有咕咕鷄呢？」

「女的其實也有一個口袋，只不過口袋在身體裏面，沒有突出來而已，女的『咕咕鷄』也是像水管一樣，藏在裏面，在外面只看到一個小洞，小便也是經過裏面的水管從小洞流出來。」媽媽在阿弟的痱子上洒一點爽身粉，又繼續說：「小晶晶，下體皮膚很嫩，像眼睛一樣。記住了？要好好保護。所以，在游泳及做體操的時候，男的可以脫光上身，但是褲子還是穿着的，對不對？」

小晶晶點頭，都表示聽懂又若有所悟的再問：

「可是，爲什麼男的大人可以脫光上面身體，女的又不可以呢？」

「你知道，媽媽有兩個奶奶是嗎？女的奶奶也是很敏感，也是要保護，而且以後當了媽媽還要餵奶，所以更要常常保持清潔。你的奶奶兒以後長大也會變大的，那時就要好好保護。」

「啊，我知道，所以阿弟現在也不穿開襠褲了，他的下體要保護。」小晶晶穿好衣服，忽然想起小蜜蜂的電視節目，便穿着拖鞋走到客廳去了。

## 二、猜猜摸摸（五歲以上）

**目的：**

透過視覺和觸覺來猜測被遮掩的物件，考驗兒童平時對生活中的文明產品的印象，嘗試對物件的造形做提綱式的觀察。本教案所選之物件造形應簡繁俱備，但以造形輪廓清楚特出者為原則。教案進行當中，應觀察兒童的反應能力，務使每個兒童都能猜到結果，以加強其成功的信心。本教案在家庭對幼兒實施可以改畫畫為問答猜物件。（圖278—282）

**材料：**

①畫紙：十六開白色畫紙。

②畫筆：粗的水性顏色筆或粉蠟筆。

**特殊用具：**

①布銀幕（或用被單、大張全開的白報紙均可）。

②聚光燈、臺燈或幻燈機。

③薄布：最好白色，一碼見方大小。或用白色被單代替。

④日常用品：調羹、電風扇、鞋子、茶壺、帽子、電燈泡、鉗子、電話機、汽水瓶、衣架等。

**準備工作：**

老師把日常用品擺在桌上，桌前掛好銀幕，窗口遮黑，裝好燈，日常用品不給小朋友看見。每人分好紙筆。

**活動：**

第一部份：影子戲

①老師告訴小朋友，大家先來看影子戲，然後老師走到銀幕後面把銀幕後的燈光打開，開始做手影戲，請大家先猜拳頭、手掌，再猜每隻手指的名稱、左手或右手的影子等。然後表演幾個手影造形，如白兎、天鵝、狗等。

②老師現在拿起一些物品在銀幕後打影子，小朋友很快就認出，齊聲的說：「衣架」、「瓶

子」……。大家都猜出影子的造形是什麼物件。猜不出的也跟着別人回答答案。

③老師看大家猜得過癮，便問小朋友要不要自已做影子戲。大定一定說：「要！」。老師就把燈拿到外面，由小朋友的背後照射到銀幕。現在大家一起做手影，老師坐在靠近燈光處，開始教大家做手影，每換一個動作，拍一次手掌，要大家跟着手影做……。

第二部份：猜猜畫畫

①做完手影，大家的情緒已進入情況，老師便叫大家拿起畫板，準備畫畫。

②老師走到銀幕後面把一件物品用白布包起來，例如電風扇，包的時候儘量在布的表面顯出物品造形的特徵。然後把小桌子移到前面。

③這一次老師要大家自已看了用布包住的造形，猜到了是什麼，不要說出來，而是用圖畫畫出來，畫時隨意用記憶的或想像的色彩。各人自畫自的，要誠實，不要偷看別人畫的樣子。

第三部份：猜猜摸摸

①老師每換一樣物品，要巡視是否每人都猜出並且畫出。如果猜出了但是畫得不像是沒有關係的。但如有小朋友眞的無法用視覺猜出，那麼老師就請這位小朋友到桌子前面去，教他一個別的辦法。同時宣佈，如果有誰願意到前面來摸一摸，使圖畫表現得更好的可以出來

。這時就一定會有幾個人出來的。

②老師要特別照顧猜不出的小朋友，如果他摸過之後也猜不出來，那麼就說，告訴他一個秘密，允許他伸手到白布下面去直接摸該物件，使他會更有心得。若再有困難，則可告訴他，允許他掀開白布「偷」看一秒鐘，這位小朋友一定會歡天喜地，因爲他感到老師特別照顧他，終於「猜」出來了。

③如此這般老師換幾件物件讓大家來看，每換一次把白布掀開，讚揚大家都猜對了。

**第四部份：講評**

①老師把所有的畫紙擺在一起，指出大家的作品精彩的地方及建議改進的地方，並且把實物和畫對照，指出造形的特徵，請大家以後多觀察。

## 三、餅乾積木（四歲以上）

**目的：**

生活創作教材的設材要兒童們把生活和創作打成一片，隨時可以從生活中引起創作的動機。本教案主題是要兒童從餅乾的各種形狀，運用想像力，組合成一些有內容有趣味的造型。餅乾原來是好吃的，又能從味覺中引發想像力。餅乾及軟糖豐富的色彩，比其他任何材料都能引起小朋友創作的興趣；同時可以一面玩一面吃，課程一定很快進入高潮，達到造形敎育的目的。

**材料：**

①紙張：十六開顏色畫面紙。

②餅乾：卡通動物形小餅乾、圓形、方形、長方形、夾心或普通餅乾每人約廿多個。餅乾最好預先露在空氣中過夜，使稍變軟。

③糖果：有顏色軟糖方形或圓形多種（市面上有賣沒有包紙的軟糖較便宜），各種顏色小珍珠糖，糖多瓜、糖蓮子、豆腐干。

④牙籤：數盒（視人數多寡而定）。

⑤果醬：桔子醬、鳳梨醬等，黏性越大越好，花生醬及草莓醬因有粒子，最好不用。

⑥衞生紙：每人一張，作爲餐巾擦手用。

**準備工作：**

把桌子佈置成一大餐桌，上舖桌布或白紙。把準備好的餅乾、糖果、牙籤、果醬放在碟子裏擺上，衞生紙擺好（擦手用），每位小朋友的座位前擺顏色畫面紙一張。

**活動：**（圖283—288）

第一部份：遊戲

①老師坐在餐桌的主位末端上，和小朋友先唱一遍「排排坐，吃菓菓」。

②老師告訴小朋友，今天要請大家吃餅乾。問小朋友洗過手沒有？手不乾淨或未洗手的小朋友先去洗。

③老師和小朋友就坐，老師拿起餅乾來吃，一面吃一面挑出卡通餅乾來問：「這是什麼呀？」小朋友紛紛回答是一隻狗、一隻猫頭鷹、一隻羊或一個警察……。小朋友每回答一種動物，老師便要大家學那動物的叫聲：「咕咕咕」、「汪汪汪」等。接着老師拿出圓形、方形、三角形的餅乾，要小朋友跟着用手指作圓形、方形、三角形等形狀。

第二部份：貼畫

①老師選出幾種餅乾，用果醬當漿糊，貼在顏色紙上，一面貼，一面選卡通形狀或幾何形狀放在一起編一個故事。然後讓小朋友學着作。老師示範時不要把一張貼餅乾畫完成，否則小朋友會模仿太多而不創作。

②老師提示小朋友牙籤也可以用來排列成各種諸如火車道、樹枝等。小朋友自己運用想像力創造，一面作，一面想故事，想不出來就吃一口餅乾再繼續作。

第三部份：堆積木（此部份亦可單獨當一單元實施）

①老師看貼畫作得差不多就換一個方式示範，用牙籤穿挿或用果醬黏疊餅乾，當積木一樣堆成馬車、船、坦克車、動物、兒童樂園車輪等，軟糖利用作爲關節連接零件。

②老師不要幫忙小朋友出主意，要讓他們自己發揮對餅乾形狀的抽象想像力。老師可以幫助他們穿挿或提示利用工具（軟糖、較軟之餅乾、把牙籤折短等）這一點是很重要的。

**第四部份：大家看、吃餅乾**

①作好以後，老師把貼畫和積木一起陳列在桌上，讓小朋友大家看。老師選出幾張稍爲有趣味的，請該作品的小朋友出來講一段與貼畫或積木的造形有關的故事，短短幾句便行了，目的在啓發他們編故事的能力，他作貼畫或積木時，也許並未編妥故事，但這並不重要，要他說故事也是使他再度從造形上引起想像力。假設小朋友害羞不敢說故事，老師可鼓勵，提示或請另一位編故事，絕不能勉强迫使小朋友一定說故事。

②對小朋友的貼畫和立體積木造形加以講評，小朋友的創意一定要加以鼓勵，造形趣味者也要指出，儘量使每位小朋友的作品都有受到重視的感覺。然後大家與高彩烈的把餅乾吃光，唱歌下課。作品留在學校或帶回家。

## 四、包東西（五歲以上）

**目的：**

用非常簡單的材料（報紙）借原有的造形來包紮，一方面是研究物件的造形特徵，另一面包紮的過程中其實又是一種間接的觸覺活動——順着包紮時形狀的觸摸。整個工作活動很容易見到成績，每個兒童都會很滿意自己的工作。這是一個適合家庭的教案。

**材料：**

舊報紙、包裝紙、花紙均可。

**工具：**

①細繩索、黏膠帶、漿糊、剪刀。

②椅子、舊茶壺、提籃、枱燈、炒鍋、帽子等造形特徵顯著的物件。

**活動：**（圖289—293）

①家長和孩子說：「我們今天來玩一個包東西的遊戲，我們一齊工作，要把一些舊的東西包得很好看。來！我們先去找紙。要很多紙。」

②家長一時能找到的大多數是一些舊報紙，便把準備好的繩索和其他工具拿出來。首先兩人合作一齊把一張椅子包起來，包的時候，告訴孩子，每一部份都包起來，看不到原來的材料。並指給他那些特徵要注意。

③有些長條特性的造形，要把紙條撕成條狀，比較容易包紮，包紮時可用膠帶協助。對幼兒來說，膠帶會比繩索容易操作。

④家長和孩子共同合作完成了一件物件後，可分開來，每人包一件，各做各的。家長也不時照顧協助孩子的工作。

⑤最後大家完成了數件作品。有些舊的物件如茶壺、舊椅子可以讓孩子放在客廳或房間一個特別的位置展出。有朋友來探訪則特別指出該作品是孩子所做的，讓朋友讚揚一番。

## 五、架吸管（五歲以上）

**目的：**

認識力學的簡單原理，由筷子立起和吸管的搭架過程中，了解力的均衡作用和練習結構組織的能力，立體三角形的拼湊可以運用想像力作出立體動物的形狀，使兒童的想像力和立體造型的結構相互綜合。

**材料：**

筷子、細繩、吸管、剪刀、小方紙片、南寶樹脂等，份量視兒童人數而定，吸管、紙片宜多備。另預購透明膠帶乙卷備用，幻燈機一部。

**準備工作：**

蒐集有關三角形結構的圖片，如風車、兒童樂園內之轉輪支架，天線高塔，廟宇之飛簷及屋頂……等，也可以由老師自己到街上郊外拍攝。

**活動：**（圖294—296）

第一部份：看幻燈片（圖片）

①老師把預備的有關資料展示給小朋友看（如係幻燈片，一張一張放出），一面看一面問小朋友：「這是什麼東西？」小朋友很快就答出了畫面上的景物。老師再問：「小朋友看得出這裏面有什麼形狀嗎？」小朋友一開始不易了解，老師可以提示在什麼地方有三角形的架構存在。

②看完幻燈片，老師問小朋友知不知道還有什麼地方是應用三角形架構的，使小朋友從生活經驗中回憶一下，對平常忽略的事物加以注意觀察。

第二部份：拉天線

①告訴小朋友三角形是力量最均衡最平穩的一種結構，老師一面說明，一面用筷子作示範，首先立一支筷子在桌上，手一放開筷子就倒下了；再用兩支筷子互相依靠，仍然不能立起，最後用三支筷子平穩的作成立體三角架的模樣，因爲彼此傾下的力量相互抵消，筷子都立得很平穩。老師指出生活中經驗過的實物作例證，諸如：畫測量圖時的三角架，照相機的三角架……等等。老師再作一次示範來說明某些巨形天線或高煙囪用鋼纜拉緊的道理：用一筷子，上繫三條長的細繩，請三位小朋友靠近桌子拉住繩子前端，小朋友同時用力拉，筷子就立起來了。告訴小朋友，這就是運用三角形架構，使力均勻才能維持不倒。力學的基本道理由這簡單的遊戲而獲得。讓每位小朋友都有一次機會作立筷子和拉天線的遊戲，以引起小朋友的興趣。

第三部份：架吸管

①小朋友玩夠了，老師取出預先準備的不透明硬吸管，在吸管口用方紙摺疊成的小紙條沾南寶樹脂挿入，使兩吸管接合。老師作完後卽讓小朋友跟著作，可能有些較年幼的小朋友不易使紙條摺成適宜挿入吸管的大小，老師慢慢的，耐心的教，讓小朋友自己能作爲止。

②老師把接合的紙條折彎，於是兩根吸管形成一尖角度，老師在另一端再接一吸管，也折彎

，三根吸管形成一個正三角形。老師要小朋友也跟著作出三角形。小朋友都能作出來，於是老師告訴大家：每一個人都要作十個三角形，可以提示他們，把吸管剪短作成較小的三角形，可以使接合的立體造形較富變化性。

③小朋友都作好以後，由年齡較大的小朋友二至三人，領導把每位小朋友的成品再接合成更大的立體造形，此時在桌上作容易壓壞，老師可叫小朋友掛在牆上作，必要時可以幫助他們作接合工作，但整個造形結構由小朋友自己決定。

**第四部份：大家看**

①全部接合完畢，老師和小朋友一齊來看成品，請小朋友從各種不同的角度去看，如果小朋友覺得從某角度看時像某物，卽提出來，讓別的小朋友也看。小朋友不敢說時，老師先引導說：「唉呀，這裏看很像一個牛頭呢！」小朋友也跟著發表自己觀察所得的成果。最後，老師誇讚每位小朋友都作得很好，希望大家以後能常常自己試驗作特定形象的三角形架構練習。

## 六、塑石膏（六歲以上）

**目的：**

學習有計畫的工作程序，從動物骨架的造形想像到敷石膏的最後結果，並且在短時間內完成一件立體造形的作品。在工作過程中了解骨架與外形的關係，由這種認識可以增加兒童對人體構造的興趣。參考平面的動物圖片而推敲其立體形狀，對繪畫表現也很有幫助。

**材料：**

①石膏粉：每人約半公斤。

②鐵絲、細繩及長釘子、小木塊、破布條、橡皮筋、黏膠帶。

③軟木板或普麗龍小塊，作塑像基座用。

**工具：**

①裝水杯子

②調石膏碟子

③工作桌墊紙

**準備工作：**

每人的工作桌上鋪好墊紙，裝好水杯，石膏粉及材料集中在一個位置待用。另外準備一些動物骨骼圖片。

**活動：**（圖297—299）

**第一部份：關節體操**

①老師和小朋友先到室外做體操，特別告訴大家，運動所有關節。老師示範先從最小的關節——手指動起，並呼口令，一二三四的運動起來，然後是手腕、手肘、頸部、腰骨、腳部、腳趾……。並可以唱「頭和肩膀膝腳趾」的唱遊。

②老師指出肌肉下面的骨頭，要大家自己摸各部份的骨頭，並且教大家說出名稱來。

③回到室內，給大家看一張生理衞生用的人體骨骼圖，讓大家對骨架及肌肉的關係有了一個簡單的了解。並給大家看一些動物骨骼的圖片。

**第二部份：做架構**

①老師示範教大家做石膏動物的骨架。拿起四根釘子來，插入普麗龍基座上，做了四隻腳，老師再拿起一根特別長的釘子來說，這是長頸鹿的頸子，教大家一面做，一面計劃，頸子應該擺那裏，長頸鹿要抬頭吃樹葉還是低頭喝水，都要預先想好。然後另一根釘子做身體，一根小釘或小繩做尾巴。

②老師示範把關節縛起來，一下子用橡皮筋，一下子用膠帶，一下子用鐵絲，種種可能性。然後用繩子、破布條及鐵絲把釘子的身體頸部及腿部全部綑起來，身體要綑得脹一點。短

的繩索可在頭部突出來做耳朵及尾巴骨架。

③老師告訴大家，骨架已經大概完成了。當然，有些看不清楚腳的動物也可以用一塊有相似形狀的小木塊做身體，譬如做海狗，做小鳥，做魚。並且告訴大家做骨架時考慮有些動物是跳起來的，不必四腳著地。

④示範完了，老師要大家馬上動手做骨架，給大家看動物圖片，要大家先很快的決定做什麼。然後大家去拿釘子及其他工具。老師很友善的一個一個巡視，問他們要做什麼動物，指點一下釘子的適當比例。年幼一點的小朋友，要幫忙他們綑縛關節。建議有些動物的頭部可以彎到後面去，生動一點。

第三部份：敷石膏

①老師示範把一點石膏粉倒到碟子裏，堆成一個小山，山頂中間挖一個小洞，然後慢慢滴一點水進去和在一起，像包餃子和麵一樣。但只調少量的石膏，用完再調過，因為石膏粉乾得很快。老師用手指頭拿一點石膏漿敷到骨架上，一次一次的敷上，一面敷一面轉動骨架基座看看，那裏該敷多一點。老師說：「就是這樣，很簡單的。」不待敷完便要大家動手去工作。

②鼓勵怕髒的小朋友不必拘束，證明給他石膏黏在手上可以洗掉，因為手上的皮膚有脂肪⋯⋯

……。幫忙小朋友看細微部份，像耳朵、嘴巴，如何敷上石膏。腿部也注意不要太細。要大家不時到前面去看看動物圖片，推敲造形資料。

第四部份：大家一起看看

①大家做得差不多，便可以把石膏造形放在一起，共同觀賞，老師指出每個造形的優點，並請某些小朋友說說，這個動物正在做什麼事，喚起大家的想像力。

## 七、布袋戲（五歲以上）

**目的：**

透過布袋戲玩偶的製作，兒童對面孔的造形及感情表現有進一步的認識。布袋戲玩偶用到的材料很多，是各種廢物的大什會。本敎案須分三次實施，第一次是製作頭部面部，製好後要待乾；第二次是將頭部面部上色及製作衣服；第三次是上演布袋戲。

**材料：**

①衞生紙漿或水性紙黏土。

②舊布碎、毛線、小珠、顏色紙、金紙、銀紙。

③直徑五公分左右的普麗龍球、藥盒、火柴盒及紙軸筒。

④紙卡片或空心細竹（直徑適合兒童手指伸入）。

⑤皮毛、乾草、藥棉。

⑥塑膠漆、粗細水彩筆、或亮光漆。

**工具：**

①剪刀、釘書機、沙紙。

②合成樹脂、漿糊（買現成的或用太白粉煮）。

③雕塑工具。

④針線、彩色大頭針、鈕扣。

⑤筷子、汽水瓶。

**準備工作：**

①如果沒有紙黏土，則預先把漿糊調稀（不能太稀）把衛生紙撕成小片倒入漿糊做成糊紙漿備用。

②普麗龍球先挖好一個小手指洞，用樹脂把細竹段（約四公分長）或卡紙片捲成的圓紙筒插入普麗龍球黏好備用。

③一面大鏡子。

**活動：**（圖300—305）

**第一部份：研究面孔**

①老師要大家對著鏡子先研究自己面孔，大家可以鬧著玩扮鬼臉的遊戲。到大家玩到亂成一團後，老師叫停，要大家照鏡子自摸面孔，說出面孔五官及各部位的名稱，如顴骨、腮、眼額骨、下巴……等。

②要大家記住面孔各突出部位的特徵，以便在做布袋戲玩偶的造形時加以強調。

**第二部份：塑造面孔**

①大家挑選普麗龍球或火柴盒、紙盒準備造人頭用。老師告訴大家用水性紙黏土或紙漿來把圓球的面孔塑造出鼻子、陷下去的眼眶、顴骨、嘴唇、耳朵等。可以多加塑膠土強調鼻子或長下巴。老師還告訴大家，眼珠可以黏上小珠子或用彩色大頭針刺入普麗龍。可能性很多。

②老師不必示範，要大家動手做，不必考慮太多，多試試便可。當然，年幼的或有些不願意用黏土及紙漿塑造，也可直接用鈕扣、紙漿團來做眼睛及鼻子，其他部份上色畫出。老師可以幫忙但不必修改，有時兒童做出來的面孔歪歪扭扭，反而造形很好看。

③如果要用皮毛黏貼鬍子、眉毛及頭髮，要待面孔乾了，下次才能做。當然，不上色的面孔可以馬上做。

④做好的玩偶頭可用筷子用力插入頸部然後架在汽水瓶上待乾。

第三部份：塗色

①做好的面孔過了幾天，水性紙黏土乾硬了，可以用沙紙再把局部修磨一下，然後上色。

②老師教大家用塑膠漆調「肉色」塗上塑造好的面孔，鼻子及面腮部份可以特別塗紅一點。當然大家也可用藍色、綠色塗臉部，如果有人願意特別創作的話，是值得鼓勵的。

③塑膠漆塗上乾得很快，可用筷子撐著架在汽水瓶上待乾。乾後還可以塗上亮光漆。

④顏色乾了之後便可再畫上眼睛，或用珠子貼上眼睛，黏上鬍子、眉毛。頭髮可用毛線有規律的摺縐黏上，或用釘書機把毛線釘住在頭頂上。老師可以提示用何種方法何種材料做成怎樣的頭髮，由他們決定，當然老師必要時亦幫忙黏貼，只是問他們要怎樣的造形，使造形仍保有多少兒童的創作。

第四部份：縫衣服

①原則上衣服的做法是剪好前後對稱的衣服及袖子，袖子要短，使兒童的姆指及中指可及。頸部開洞要小，小至剛好可以套入頸部的竹筒或紙筒上。無論如何，衣服大小的裁剪是老

師要幫忙的。至於衣服兩襟的縫紉，可以塗樹脂黏起來，年長的兒童用針線縫，年幼的也可用釘書機釘起來。

②鼓勵大家把衣服花紋弄漂亮，建議貼上大塊搶眼的顏色紙或金紙，還有紙鈕扣、花紙邊、皮帶等。

③當然，做出來的衣服大概都是長衫長袍的，布袋戲是不露腳的。

④有興緻的小朋友還可以做帽子。

⑤衣服做好了便可以黏在玩偶的頸上。最後再整個看看，是否還可以增添什麼道具，拐杖、小皮包等。或者用鐵絲彎一副眼鏡。

### 第五部份：上演

①大家試著共同把所有的玩偶造形來編一個故事上演。上演時可用一個大紙箱挖框框，或用一個畫框框來做舞台。當然，老師可以和小朋友一起做一個簡單的舞台。原則上，簡單的舞台只要正面做一個開口，側面做兩個半可以活動的「活門」，舞台不用時摺起來收藏。後面可用一根竹竿橫架在兩片「活門」上掛一幅布或紙做佈景。上演時，舞台架一張桌子上，桌上舖有拖地桌布，小朋友就躲在桌底下面學高手上演。

②至於編劇上演，則詳見本系列第一冊戲劇教育。

## 八、撿破爛（五歲以上）

**目的：**

兒童都有一種好奇心，喜歡注意一些不為成人注意而無用的東西，而且還試圖把它們利用，作出一些新東西來。本教案要進一步刺激兒童對廢物的注意及想像，動手去塑造成一有結構的雕塑品。因廢物的面目衆多，比動筆去畫畫還能提供更多的資料去發揮想像力。

**材料：**

①顏料畫筆：塑膠漆或廣告原料，水彩筆，水性顏色筆。
②紙張：各種舊雜誌、包裝紙、白報紙、模造紙。
③特殊材料：剪刀每人一把，南寶樹脂、膠帶、釘書機、汽水瓶、包裝盒、牛奶盒、空鐵罐、包裝用品的破舊普麗龍塊，棉花、破布……應有盡有的廢物。另竹筷子、牙籤、細繩索、普麗龍小球等輔助物。

**準備工作：**

老師在上一節課就要同學們開始蒐集廢舊物品，帶來上課，老師也另外蒐集備用。幻燈機及圖案幻燈片或生活幻燈片。上課前老師把一部份廢物堆放在幻燈機前準備放映，另外分成數等份散置於小朋友的桌上。

**活動：**（圖306—311）

第一部份：遊戲

①老師首先用水彩筆桿敲擊各種廢舊物，發出不同的聲音。要大家也亂敲不同的東西變成交響曲，十分熱鬧。

②老師可以輪流讓小朋友像接力般敲出一種節奏，或讓全班分兩組相對呼應地敲……，小朋友也敲得高興起來了。

第二部份：幻燈放映

①大家在敲打中對廢物產生注意或興趣了。這時候老師把幻燈片圖案打在一堆廢舊品上，原來顏色不精彩的包裝紙盒一下子漂亮起來了，瓶罐上也都映出繽紛的圖案及色彩。讓小朋友多看幾張。

②老師選一張有人像的幻燈片，打在一瓶子或罐子上，再把小方紙盒或普麗龍球搭在瓶罐上，就變成人的形狀了；把大小紙盒堆起來，又變成一部戰車了。用這個方法啓導小朋友們可以在紙盒瓶罐上塗畫顏色，或貼上舊雜誌、報紙，再穿插牙籤、竹筷、繩子可以作成很

多好看的東西。

第三部份：塑造

①老師現在就讓大家開始作，黏貼舊雜誌、報紙時，可以用撕或剪，用南寶樹脂，也可以用釘書機釘，必要時還可用膠帶綑起來。

②老師在旁指導技術操作的問題和指示可能作成什麼東西，例如：火車、狗、人、機械人、船、房子、電扇、馬車……等兒童生活中經驗過或熟知的東西。老師不要干涉決定各部構件，只提示小朋友儘量按廢物形象想像能作什麼。

③鼓勵小朋友塗色時要儘量鮮艷對比，大塊面的塗抹。

④必要時幫忙他們把組件固定在底板上，幫較小的兒童黏貼。

第四部份：大家一起看

①看本教材與一般的勞作教材不同，不是照說明及剪摺位置作成的，完全是一種對形的組合及想像力的引發。有些平常愛畫圖的小朋友也許作不好，不習慣動手作立體的東西，經由這樣的工作，可以使小朋友得到機會試作。講評時，老師也是依據小朋友對形的想像力及色彩的使用作準則。

# 作者簡歷

作者與創造力推廣教育相關之著作及講座活動

胡寶林先生，廣東省南海縣人，一九四五年出生於越南西貢，國立成功大學建築學士，瑞士聯邦工業大學建築碩士，蘇黎世F＋F實驗藝術學院研究，現任中原大學建築系副教授。

**著作：**

詩集《去國》（光啓出版）、畫集《無雲天》（尋氏出版）、《兒童創造力教育系列》四冊（遠流出版）。

**專欄：**

時報周刊家庭册頁「胡叔叔與小好心」（一九八〇—一九八一）

聯合報兒童版「大家一起來」（一九八一—一九八二）

兒童圖書與教育月刊「創造力教育」（一九八二）

**講座及策劃公開活動：**

一九七五：臺北實創畫室主持人、中原大學、銘傳商專、國防醫學院、臺視「玩玩畫畫」兒童節目主持人、臺南美國新聞處。
一九七六：臺北省立博物館、臺北耕莘文教院。
一九七八：維也納天主教遠東服務中心。
一九七九：臺北耕莘文教院。
一九八〇：維也納第五區小學、維也納柏拉特公園兒童戲劇活動、維也納弗拉歐社區公園東歐難民活動、維也納MOKI兒童劇團。
一九八二：臺北信心幼稚園師資講習會、臺北中華兒童博物館兒童劇演出、救國團復興崗康輔營、臺北美術教育協會、臺北耕莘文教院、臺北美國文化中心。
一九八三：臺北華明心理輔導中心、臺北中華兒童博物館、輔仁大學、臺北國立藝專、文化大學、中央大學、臺北快樂兒童中心、臺北來來廣場「藝術上街」。
一九八四：臺北師專、中原大學、臺北樂樂幼稚園、金山青年活動中心、臺北市立美術館開幕「美的廣場」表演、臺北國父紀念館廣場、「認識臺北的自然與歷史」戶外表演展、臺北新象藝術中心開幕表演。

一九八五：臺北市永康公園「我愛永康街」徒步區、遊戲巷示範活動、臺北市「西門徒步區」示範活動策劃、花蓮天主教幼稚園師資講習會、臺北市政府社區兒童輔導員訓練營、中原大學「藝術與生活」講座。臺北市立美術館「中國傳統建築之美」參與策劃。

一九八六：臺東天主教幼稚園師資講習會、臺北縣立文化中心創造力教育講座、屏東師專幼師創造力講習會、信誼基金會高雄兒童戲劇研習會、臺北金石文化廣場、臺北益華基金會「魔奇劇坊」指導顧問、臺北華人基金會創造力研習會、魔奇劇坊、臺北耕莘文教院「愛的妙方」研習發表會、益華基金會義工師資訓練班、魔奇劇坊臺北國立藝術館公演、基隆市「明日遠景」及「大廟口徒步區」民衆參與展都市活動策劃。

# 參考書目

——中國童玩　漢聲雜誌
——親親童玩與實驗　人類文化事業有限公司
——積極自我的開拓　陳怡安著　書評書目社
——現代哲學論衡　沈清松著　黎明文化事業公司
——如何栽培活潑的下一代　下山剛著　王家出版社
——兒童遊戲　謝光進譯　遠流出版社
——幼兒團體遊戲——皮亞傑學說的應用　省立屏東師專
——國小怎樣推行童玩　李秉彝著　臺灣省教育廳
——兒童戲劇與行爲表現力　胡寶林著　遠流出版社
——兒童繪畫與想像力　胡寶林著　遠流出版社
——透過藝術的教育　Hi Read　呂廷和譯　雄獅圖書
——"Kinder Beschäftigung.", Otto Maier Verlag Ravensburger.
——"Gestalten mit Papier", Karl Heinz Krons, DuMont, Koln
——"Jeden Tag Kolccmbuszeit" (Learning through play), Otto Maier Verlag Ravensburger.
——"Neues Spielen Mit Kindern", Otto Maier Verlag Ravensburger.

本書著者

國立中央圖書館出版品預行編目資料

立體造形與積極自我／胡寶林著.

--二版. --臺北市：遠流，民83

面；　　公分. --(大眾心理學叢書；63)
(0--10歲的兒童創造力系列 ；3 )

參考書目：面

ISBN 957-32-2066-0(平裝)

1.小學教育--教學法

523.37　　　　　　　　82009712